开启孩子的生命力

家庭教育的 6 个核心主题

唐露 谭国发 廖莉莉 主编

中国纺织出版社有限公司

图书在版编目（CIP）数据

开启孩子的生命力：家庭教育的6个核心主题／唐露，谭国发，廖莉莉主编. -- 北京：中国纺织出版社有限公司，2024.12. -- ISBN 978-7-5229-2099-3

Ⅰ．G782

中国国家版本馆CIP数据核字第2024J33F25号

责任编辑：李凤琴　　责任校对：李泽巾　　责任印制：储志伟

中国纺织出版社有限公司出版发行
地址：北京市朝阳区百子湾东里A407号楼　邮政编码：100124
销售电话：010—67004422　传真：010—87155801
http://www.c-textilep.com
中国纺织出版社天猫旗舰店
官方微博 http://weibo.com/2119887771
北京华联印刷有限公司印刷　各地新华书店经销
2024年12月第1版第1次印刷
开本：710×1000　1/16　印张：16
字数：188千字　定价：59.80元

凡购本书，如有缺页、倒页、脱页，由本社图书营销中心调换

本书顾问：张克江　李　隼　邓　鹏　陈斯敏

编委会名单

主　编：唐　露　谭国发　廖莉莉
副主编：赵　超　张晓露　徐井娜
编　委（排名不分先后）：
　　　　刘　洁　郭媛媛　赖雪玲　郭媛媛　李　鹍　李瑞莉
　　　　王　娜　万明明　赵　倩　李　媛　谭甜甜　徐守娟
　　　　周文婵　唐　龙　王丽丽　潘娟娟　周海燕　张　艳
　　　　李　婳　何玉明　陈　娜　樊振明　何咏琪　许　红
　　　　梅玉琴　吴嘉予　郭琪琦　刘夕冉　范妍妍　陈俊因
　　　　王朝霞　洪康曼　林　琳　肖当丹

序言
开启孩子的生命力

在春风和煦的2022年3月，当我们的工作室在一片充满希望的氛围中正式开启之时，恰逢《家庭教育促进法》的颁布，这无疑为我们的工作赋予了更为深远的意义和使命。这部法律的出台，不仅彰显了国家对家庭教育的高度重视，也为我们这些致力于家庭教育研究的工作者指明了方向，激发了无限的动力。

回望工作室成立的初衷，我们深知家庭教育在孩子成长过程中的不可替代性，它是孩子性格塑造、价值观形成的重要基石，是孩子人生旅途中不可或缺的灯塔。因此，我们选择了将家庭教育指导研究作为工作室六大研究主题之首，旨在通过深入研究，为广大家长提供科学、实用的家庭教育方法和策略。

在过去的两年里，我们团队中的几十个成员都怀着对家庭教育的热爱与执着，投身于这项充满挑战与机遇的研究中。从最初"家庭教育36题"的提出，到如今《开启孩子的生命力：家庭教育的6个核心主题》的成书，每一步都凝聚着我们的心血与智慧。这不仅仅是一本书的诞生，更是我们对家庭教育理念的一次深刻提炼和升华。

在研究过程中，我们遇到了诸多困难。本书作者遍布全国20多个省市，地域差异、文化背景的不同，以及沟通不畅等问题，都给我们的工作带来了不小的挑战。然而，正是这些困难，激发了我们团队更强的凝聚力和战斗力。主编、副主编以及每一位参与其中的伙伴，都以高度的责任心和使命感，克服了一个又一个难关。

这本书凝聚了研究团队包括来自深圳市唐露、李元琳、余双华等工作室，湖北省秭归县教育科研信息中心共39位教师两年的研究成果。它以适应教育、习惯养成、人际交往、信息素养、生涯规划、性教育六个核心主题为主要内容，单篇以"父母心声、现象扫描、教师支招、知识拓展、心法一决"为结构，以工作实践为根基，以工作反思为精髓，以教育案例为形式，旨在帮助家长更好地理解和实践家庭教育。这六大核心主题不仅涵盖了孩子成长过程中的关键领域，也体现了我们对家庭教育全面深入的理解。

作为教师，我们深知每一个孩子背后都承载着一个家庭的希望与梦想。在工作中，我们亲历了许多家庭问题的悲怆，也见证了无数家庭在困境中挣扎，寻求帮助的艰辛历程。正是这些经历，让我们更加坚定了从事家庭教育研究的决心和信念。当我们看到一个个家庭在我们的帮助下走出困境，看到孩子们在更加健康、和谐的家庭环境中茁壮成长，那种喜悦感和成就感是无法用言语表达的。

未来，我们将继续秉承"开启孩子的生命力"的教育理念，不断探索和实践家庭教育的真谛。我们相信，通过我们的努力，能够帮助更多的家庭找到适合自己的家庭教育方式，为孩子们的健康成长贡献我们的智慧和力量。让我们携手共进，共同开启孩子们更加美好的人生篇章！

唐露

2024年11月

于深圳

目录

第一章　帮助孩子应对新环境和不安情绪 ｜ 001

　　孩子转到新学校，如何快速适应 ｜ 002
　　孩子不想上小学，想回幼儿园，怎么办 ｜ 007
　　新学期开始了，孩子不适应怎么办 ｜ 012
　　考试失利，如何避免孩子抑郁 ｜ 017
　　如何帮助孩子缓解升学压力 ｜ 022
　　孩子写作业拖拉磨蹭，怎么办 ｜ 028
　　孩子学业压力大，家长应该这么做 ｜ 033
　　关键期给予关键帮助 ｜ 038
　　面对青春期孩子的情绪问题，我们该怎么办 ｜ 043
　　高中选科后，如何帮助孩子尽快适应 ｜ 048
　　班里换了新老师，孩子如何快速适应 ｜ 053
　　重组家庭：关注孩子内心的角落 ｜ 058

第二章　教育就是培养习惯 ｜ 063

　　爱孩子，就要舍得"用"孩子 ｜ 064
　　如何帮助孩子热爱劳动 ｜ 069

培养孩子良好的学习习惯 | 075

如何培养孩子的阅读兴趣 | 080

帮助孩子告别拖延症 | 084

如何培养孩子的学习力 | 089

让孩子爱上运动，健康成长 | 093

家庭美育的最好方式：把艺术融入生活 | 099

品德教育，点亮孩子的灵魂之光 | 104

第三章 社交这门课，只能父母教 | 109

如何建立和谐的母子关系 | 110

正确隔代教育，从容养育孩子 | 115

如何成就美好的父子关系 | 120

优秀的孩子要有一个好爸爸 | 125

父母缺位对孩子成长的影响有多大 | 130

引导孩子正确应对交友"危机" | 135

帮助孩子建立良好的同伴关系 | 140

帮助孩子建立良好的师生关系 | 145

打破沟通壁垒，重建父子关系 | 150

第四章 屏幕时代，如何让孩子不再沉迷电子产品 | 155

引导孩子合理使用手机 | 156

引导孩子正确使用网络 | 161

孩子喜欢网上交友，怎么办　|　165

拒绝孩子的高消费，要有正确的教育方式　|　169

培养孩子的消费观，正确引导孩子消费　|　175

智能时代，如何建立良好的亲子关系　|　180

有效保护孩子网络使用安全　|　185

第五章　生涯规划，为孩子的一生奠定基础　|　191

孩子做事拖拉、没计划，怎么办　|　192

培养孩子的目标感和执行力　|　198

孩子的理想不够远大，怎么办　|　204

如何引导孩子进行专业选择　|　209

如何帮助孩子进行职业生涯规划　|　215

第六章　性教育：科学教育，不必回避　|　221

朦胧的"爱"，宜"疏"不宜堵　|　222

怎样跟"早恋"的孩子有效沟通　|　227

孩子浏览不健康网站，怎么办　|　233

保护青春期孩子远离陌生人的侵害　|　237

参考文献　|　243

01

第一章

帮助孩子应对新环境和不安情绪

孩子转到新学校，如何快速适应

【父母心声】

我是一名小学五年级转学插班生的家长，孩子名叫小江。因为追求升学率高的学校，我们临时做出让孩子转学的决定。

我家孩子在之前的学校成绩很好，性格也较为开朗，喜欢举手发言。但是，来了新学校之后，孩子的成绩一落千丈。据现在的老师反映，孩子在校不爱举手发言，站起来回答问题也常常不敢表达，课后经常独来独往，不与同学交流。不仅如此，孩子最近在家也表现得比较叛逆，爱与家长顶撞，甚至出现了晨起行动缓慢、拖拖拉拉、频繁迟到、不想上学的情况。

与心理老师沟通后得知，孩子转学后没有及时适应新学校的生活，也没有跟上班级其他同学的学习步伐，并且在新学校没有像以前那样受到老师更多的关注和表扬，产生了较大的心理落差。情况愈演愈烈，孩子产生自卑心理，甚至责怪父母擅自做出转学的决定。我们作为父母，现阶段应该如何取得孩子的理解和宽容，如何帮助孩子更快地适应新环境呢？

【现象扫描】

每个人在面对新环境时，都会有一定程度的焦虑和紧张，小江同学在面对新的学校环境、学习方式、人际关系时暂时没有适应，很正常。面对转学后的新问题，家长的处理方式显得尤为重要。

一方面是学校环境。新学校陌生的环境本来就让小江同学很紧张，再加上新老师的讲课方式不同，作业的难度加大，学习方式、学习要求与以前的学校相比有了很大的不同，孩子因为一时的不适应导致学习节奏有些跟不上，学习成绩的暂时下滑让孩子有了焦虑情绪。另一方面是人际交往，涉及主动融入与被接纳的问题。孩子面对新环境，变得敏感、不爱说话、情绪低落，会加重孩子的焦虑情绪。最重要的是，临时转学这件事，父母没有征求孩子的意见，没有提前和孩子做好沟通，也没有给足时间让孩子做好心理及生理的准备，加之五六年级这一年龄段的孩子，自我意识逐步增强，很多孩子都觉得"我已经长大了"，渴望被人理解、接纳和尊重，当他们的自主性被父母忽视或者阻碍时，就会引起他们强烈的反抗心理，这种现象在心理学上称之为"逆反心理"。孩子行动缓慢拖拉，不想上学，就是焦虑情绪与逆反心理双重影响下的反应。

【教师支招】

家长需要给予孩子情感上的安抚与支持，鼓励孩子大胆向父母倾诉引发自己焦虑的事情，带领孩子选择适当的方式去释放不安的情绪，最重要的是给予孩子适应新环境的指导，鼓励孩子积极主动去适应新环境。

1. 积极沟通，接纳情绪

在做转学决定前，家长应该先与孩子进行沟通。随着孩子的年龄增长，他们的自我意识就会越强，也就越渴望得到别人的尊重，因此，家长在做与孩子相关的重大决定前都应事先主动和孩子商量。如若擅自做决定，忽略了孩子的感受，伤害了孩子的自尊，家长要学会及时认错，主动与孩子沟通，争取得到孩子的理解。

同时，家长要能理解孩子的焦虑。面对新的环境，不仅是对于孩子，就连对于成人来说也是一个挑战，也需要学着慢慢适应。孩子到了新学校，前几个月不要为孩子设定过高的学习目标，以免给孩子造成较大的心理压力和负担，要给予孩子一定的适应时间，甚至允许学习暂时性的后退。要知道，不同学校的学生水平、学习要求、学习难度不一样，分数的变化不代表孩子学习水平的变化，要理性引导孩子分析自己的优势与不足，帮助孩子重建信心。

到新学校前，家长还可以通过微信公众号、网站咨询、新闻报道等途径，让孩子提前了解新学校的样貌和相关资讯。与孩子一起畅想新环境带来的新鲜事，把想象中美好的事物具象化，让孩子对未来充满期待，有助于孩子降低对新环境的陌生感，缓解来到新环境的焦虑感。

2. 鼓励引导，建立连接

到了新环境，也要鼓励和支持孩子与老同学保持沟通和联系，新同学和老同学也可以相约一起玩耍，共同结交新朋友。同时，还可以引导孩子将自己熟悉的物品带到新环境，用熟悉的物品缓解紧张感和焦虑感。

和孩子一起面对新环境，当好孩子的后盾。父母可以创造舒适的聊天氛围，与孩子一起设想在新环境会发生什么，引导孩子积极应对新环境中可能遇到的"小麻烦"。同时，梳理一个"陌生清单"，把可能出现的具体问题和困难列出来，每解决一个问题，便会少一分焦虑，陌生也会逐渐变为熟悉。引导孩子缓解焦虑，让孩子挖掘自己的潜能，运用自身的力量处理面临的困难，用正向的、积极向上的态度解决问题。

3. 家校合作，共同助力

良好的家校合作是教育成功的关键。刚到新学校，家长要积极与班主任主动取得联系，介绍孩子与家庭的情况，沟通转学的原因。家长和学校老师应给予孩子更多适应的时间，允许孩子犯错，允许出现暂时性的退步，要以鼓励为主。这样做有利于班主任更快地发现孩子的优点，让孩子在新班级中勇于展现自己，树立信心。转学后，家长平时要多与班主任交流孩子最近的情况，征求老师的建议，如遇困难，要及时请求老师帮助。这样老师可以根据孩子的情况与孩子增进沟通，及时给予孩子展示机会，还可以开展相应的主题班会。学习上，家长要积极与任课老师联系，了解孩子的学习动态，熟悉新学校、新老师的学习要求，帮助孩子快速适应。如有必要，还可以寻求心理老师的帮助，让孩子打开心扉，进一步寻找解决方案。

4. 同伴接纳，迅速融入

同班同学大多都是从一年级开始就一起上学，已经适应了彼此的相处，都有了固定的好朋友，也有了自己的社交圈子，而转学的孩子如何快速融入群体中，成为了一项难题。

家长与班主任沟通后，对孩子的同桌、小组成员的选择也会更有针对性，活泼开朗的同学可以帮助转入学生快速融入新的集体。父母有时间也可以多参加学校开展的亲子活动，帮助孩子一起融入新环境。

家长还要善于培养亲社会型的儿童，这类儿童用真诚、友好、合作的方式与同伴交流，更受欢迎。父母应做好榜样，让孩子学会真诚地欣赏和赞美他人。懂得欣赏他人的父母，才能培养出懂得欣赏他人的孩子。除此之外，父母一定要培养孩子及时回应他人的能力，充满善意的反馈，会在无形中传递"我愿意跟你做朋友，并准备回馈你的善意"这样的信息。这样，孩子在踏入社会后，也能成为受欢迎的同伴。

【知识拓展】

家庭与学校作为影响儿童发展的两大环境因素，彼此间相互作用，影响儿童的学业表现、适应行为以及活动参与性。

心理学相关研究表明，人格对个体的学业成就感、主观幸福感、孤独感以及攻击行为等方面均会产生影响。在涉及孩子的事情时，父母如果多征求孩子的意见，充分尊重孩子，这种积极教养方式，孩子则倾向于形成情绪稳定、责任感较强的人格品质。同时，这类父母也倾向于教导儿童与同伴交往要和睦相处、富有同情心，从而使儿童在与同伴交往中受到更多的欢迎与接纳。这样，孩子能够更快地融入新环境，形成良好的人际关系网。

高水平的同伴接纳可以帮助儿童在面对压力时，得到同伴的安慰与支持，缓解其压力，进而使儿童变得开朗外向、积极乐观。通过家校合作，学生感知到教师对自己的高期望后，会更加努力学习，争取不辜负老师的期望，使其在同伴群体中的地位得到提升。

【心法一诀】

我们对于儿童有两种极端的心理，都于儿童有害。一是忽视；二是期望太迫切。忽视则任其像茅草一样自生自灭，期望太切不免揠苗助长，反而促其夭折。所以合理的教导是解除儿童痛苦，增进儿童幸福之正确路线。——陶行知

刘洁，深圳市龙岗区香港中文大学（深圳）附属知新学校小学语文教师，市骨干班主任班优秀学员。

孩子不想上小学，想回幼儿园，怎么办

【父母心声】

我是一名一年级小学生的爸爸，儿子豆豆是一个安静内向的孩子，今年9月份升入家门口的小学，成了一年级的"小豆包"。一开始孩子还感到很新鲜，每天认认真真地整理自己的书包，装好所有东西，开开心心地上学。可是没过两周，孩子上学有点磨蹭，不愿意出门。回到家也是一脸疲惫的样子，不再爱讲学校的事情。问起来，就说："还是那些事情，没有什么好说的。"

这样的变化我们看在眼里，急在心里。多次问他为什么不开心，他才吞吞吐吐地说："老师的话我总是记不住，今天又被提醒了好几次。我的手好像总是不听话，写字也不好看。上课我坐一会就觉得很累很困，很想睡觉。下了课也没有朋友跟我一起玩，我自己在座位上没有一点意思啊。我好想回到幼儿园，去做手工、听故事，还有小明、涛涛跟我一起玩。"听了儿子的话，我们鼓励他，这都是暂时的，慢慢会好起来的。

本以为这是孩子暂时的不适应，结果没有想到，孩子的情况越来越糟糕，甚至演变成了上学前要哭一会儿，嚷着要回幼儿园的地步。我和孩子妈妈很着急，猜测是不是因为幼儿园大班没有进行幼小衔接学习的原因。后来一打听，好多孩子都没有进行幼小衔接呢，别的孩子都可以做到的事情，我的孩子怎么就做不到呢？真让我觉得有些没面子，有的时候我会生气地骂他几句。但是越骂情况似乎越糟，我该怎么帮助儿子适应一年级呢？

【现象扫描】

豆豆从幼儿园迈进小学，成为一名小学生，从一开始感到新奇开心，到后面变得不愿意上学，想再回到幼儿园，这都让家长感到担心与焦虑，爸爸甚至觉得没有面子，责骂孩子。从乐于上学到闷闷不乐，再到上学前哭闹，这是典型的不适应小学生活的表现。出现这种情况可能有以下原因：

一方面，从孩子的角度来说。其一，豆豆在学校和课堂上的行为规范方面遇到了困难。从上文描述的"被老师提醒、上课犯困、忘记带笔袋"等问题，我们可以判断，豆豆课堂表现不佳，没有按照要求做好课前准备，产生了挫败感。其二，豆豆在班级没有交到新朋友，没有建立新的人际关系。新的人际关系的确立对儿童来说很重要，良好的同伴关系有助于儿童获得成功的社交技巧，能使儿童获得安全感和归属感，有利于儿童社会价值的获得和健康人格的培养。有研究发现，入学后，没有朋友比成绩差更糟糕，被拒绝的孩子容易出现社会适应不良、心理失调、学习成绩不佳等现象。

另一方面，从家长的角度来说。其一，家长没有在孩子上一年级以前帮助其进行必要的准备。虽然上小学之前不用让孩子提前学习知识，但"零起点教学"并不意味着"零准备"。边玉芳教授在她的文章中提到，从以玩为主的幼儿园生活过渡到以学习为主的小学学习生活，需要儿童具有良好的行为习惯，具备一定的独立意识和任务意识（听得懂任务要求、能自始至终完成一项任务），拥有会遵守规则、有安全防范意识、会保护自己、会交朋友等基本社会技能。其二，家长没有及时提供正确的支持与帮助。在发现豆豆不愿意上学后，家长也没有及时采取有效措施帮助孩子，甚至在孩子仍然没有好转的时候，不仅没有耐心帮助孩子，反而出现骂孩子的行为。

【教师支招】

1. 认真倾听，全身心地接纳孩子

倾听是沟通的桥梁。只有倾听孩子的心声，知道孩子在想什么，才能有针对性地给予孩子关心和帮助，也会使以后的亲子沟通变得更容易，关系变得更融洽。当发现孩子对上学的态度有变化时，要及时与孩子沟通，认真倾听孩子的心里话，引导孩子说出自己的想法和感受，了解孩子的心情，了解孩子在学校的生活与学习状况，设身处地从孩子的角度出发，与孩子一起想办法解决困难。

当孩子不愿意去学校时，一定是发生了什么事情，遇到了什么困难。此时孩子幼小的心灵已经承受了很大的压力，父母的耐心与接纳能够给孩子带来安全感，孩子也会更愿意积极地思考和解决问题。

2. 积极沟通，构建学校和家庭的双重支持

积极与老师，尤其是班主任老师沟通，描述孩子在家的情况，了解孩子在学校的表现情况。老师毕竟是专业的教育人士，更清楚孩子在学校的情况，能够从专业角度给出建议。与老师一起探讨可行的做法，制订具体的行动方案，形成家校合力的局面，帮助孩子尽快适应小学的学习与生活。

另外，也请班主任老师在班级给豆豆展示自我和承担责任的机会，比如，给他一个小职务或者让他帮老师做点什么，这样可以提升孩子的自信心，增强集体归属感，同时也能锻炼孩子各方面的能力。

3. 陪伴与鼓励，进行有针对性的帮助

与班主任老师沟通后，制订具体的行动方案，家长要在放学和周末时间耐心陪伴孩子，并进行有针对性的培训练习。

根据豆豆的情况，主要应该进行以下三方面的训练。

第一，做"小老师"。每天放学后让孩子做小老师，给家人讲一讲今天学了什么。在熟悉的家人面前，扮演"小老师"，巩固当天学习的知识、强化行为规范，同时锻炼表达能力，增强自信心。

第二，增强豆豆的社交能力。在家里可以与家人通过角色扮演等形式进行交朋友、处理朋友间矛盾等练习；多带孩子在小区或户外玩耍，鼓励豆豆勇敢与小朋友打招呼、玩耍；在时间与精力允许的情况下，还可以邀请豆豆的同班同学一起玩，如组织郊游、野餐、看演出等活动，帮助豆豆交朋友。

第三，鼓励豆豆勇敢尝试各种活动。要充分发掘豆豆的兴趣爱好，鼓励豆豆多多尝试，充分肯定孩子在活动中的表现，从而培养豆豆的自信心。广泛的兴趣，不仅可以让孩子生活丰富、心境开阔，也能够锻炼孩子各方面的能力。

不管带孩子做什么，家长一定要耐心地陪伴与鼓励。坚信孩子一定会越来越好，积极乐观的态度会传递给孩子，让孩子勇敢面对现状，并通过自己的努力，尽快适应学校的生活与学习。

【知识拓展】

德国的哈克教授总结出幼小衔接阶段孩子6个方面的断层问题。

（1）主要关系人的断层。离开了对他们生活上照顾有加的幼儿园老师，会给孩子造成很大的压力和负担，特别是那些依赖感很强的孩子，在幼儿园阶段，老师给予他们各种关注和照顾，这种关系人的断层会让孩子表现得更加明显。

（2）学习方式的断层。从幼儿园以游戏为主要形式的学习过渡到小学以课本知识为主的学习，这种断层会让孩子感到有些措手不及，或者是感觉难以理解，对于理解力比较强的孩子就相对容易一些，而对于一些理解能力较弱的孩子，就需要更长时间来适应。

（3）行为规范的断层。孩子入小学后，被要求遵守学校章程，不再似幼儿园的随意和自由，这可能会让孩子产生被束缚、限制的感觉。

（4）社会结构的断层。孩子入小学后与幼儿园的小伙伴分离，进入一个新的人际圈，需要重新建立新的人际关系、结交新的朋友，寻找自己在团体中的位置并为班级所认同。

（5）期望水平的断层。家长和教师都会对上小学的孩子给予新的期望和压力，在学业上的要求增加了，减少了孩子游戏、玩耍的时间，孩子需要在学习上付出更多的努力，从而会感到压力突增。

（6）学习环境的断层。幼儿园的自由、活泼、自发的学习环境转换为分科学习、有作业、受教师支配的学习环境，孩子容易陷入注意力不集中的状态，甚至产生学习障碍。

哈克教授的6个断层关系总结了从幼儿园进入小学后孩子所面临的转变，为家庭教育提供了着力点，家长要根据自己孩子的发展特点，从学习能力、生活能力、心理素质、行为规范、社会交往等，多方面、全方位对孩子进行衔接教育。

【心法一诀】

苏霍姆林斯基说："孩子本身，对成人来说，是个伟大的教育力量。"身为父母的我们，在陪伴孩子成长的过程中总会遇到挑战。能够面对挑战，想办法解决问题，我们也就获得了成长。这应该就是伟大教育力量所在吧。

郭媛媛，北京市朝阳区白家庄小学心理教师，北京市朝阳区骨干班主任。

新学期开始了，孩子不适应怎么办

【父母心声】

女儿小莉是家里的独生女，她爸爸做生意，很少时间在家，我是家庭主妇，主要负责在家照料女儿。女儿小学时成绩很好，经过努力，考上了心仪的初中，为此我们都开心了好久。开学时我们送她到学校，她被美丽的校园深深打动，我们做父母的倍感欣慰。

然而，一周不到，女儿经常打电话哭诉：想回家，学校里连吃饭、洗澡都要排队；衣服需要自己洗；学校规章制度严，作息时间紧凑，每天像陀螺一样……我安慰鼓励她：刚到新环境需要适应，其他的同学也是这样，过段时间就适应了。第二周、第三周，女儿还是不断打电话回来哭诉：有时没轮到排队洗澡就要上晚修了，作业多到做不完，每天都匆匆忙忙的，心里好烦，感觉这样的环境待不下去，甚至提出"不想在这学校读了"的想法。我一听火气涌上心头："别人都能适应得了，为什么你适应不了！""啪"的一声，她挂了电话。

要知道，这可是我们全家和女儿梦寐以求的学校呀，我犹然记得她接到录取通知电话那一刻，激动地涌出滚烫的眼泪。我们替她开心、给她庆祝……怎么才开学就被这点生活的困难打败，还不想读了！初中跟小学比是有很大的不同，但其他的孩子也面临同样的情况，为什么我家的就这么脆弱？我该怎么办……

【现象扫描】

小莉同学步入初一,出现适应环境困难、学习压力大、人际交往困难等问题,作为父母的确会很担心。新学段的适应性教育,是我国当前家庭教育中的重要一环。有关调查显示:初一孩子步入初中新学段,在环境适应、人际适应、学习适应等方面都存在较为突出的困难,只有少部分孩子能够很好适应。换句话而言,适应不良的问题在学生中很常见,大部分经过一段时间的调整就可以消除。只是此类问题较集中地表现在小莉身上,且反应比较强烈,究其原因,主要有以下影响因素:

1. 父母的教养方式与家庭氛围

家庭是孩子成长的第一环境,父母的教养方式和家庭氛围会影响孩子个性的形成。民主、信任的教养方式,温馨宽松的家庭氛围,有利于孩子形成积极、乐观向上的个性品质;而家长过于溺爱的教养方式则不利于孩子意志品质和独立能力的培养,导致其抗压能力差,心理极度脆弱,难以适应陌生环境。

2. 孩子的心理素质和生活自理能力

花盆里长不出参天松,庭院里练不出千里马。小莉在家习惯了妈妈无微不至的照顾,生活上的事不需操心,只需要负责学习就行,没经历过什么挫折,缺少了生活自理和心理抗压的能力。而进入初中恰恰需要独立生活的能力,学习、与人相处等问题都需要自己面对,难免出现一些适应困难。

3. 新学段客观因素的影响

小学科目少、内容简单,孩子自由时间多,生活节奏慢;而进入初中后学习科目大幅增加,学习难度加大,生活节奏快,部分住校学生还要面临宿舍生活自理的挑战，导致部分孩子一时难以适应。加上升学进入新集体，遇到的全是新同学、新老师，这意味着他们又要重新建立关系，要很快在新的环境里迅速建立朋友圈，这对于一些性格内向的孩子来说，难度系数比较高，所以他们就会感到很孤独，难以适应。

【教师支招】

长期处于适应不良的孩子，情绪若长期得不到调整，就有可能导致孩子厌学、拒学等严重问题。科学引导孩子顺利平稳度过初一适应期，为后续学习与成长积蓄加速能量。作为家长的我们，有很多可以学习的地方。

1. 加强自身学习，改进教养方式

教养方式简单而言分为民主型、专制型、溺爱型、放任型。显然，第一种民主型的教养方式是最理想的，不少研究表明民主型教养方式下成长的孩子相对成熟、独立，有更多的社会责任感和成就感。无疑，这对于孩子适应新学校、新环境是极有利的。因此要改进教养方式，善用民主型的教养方式。家长需加强自身学习，比如，通过家庭教育讲座、家长网上课堂、家长会等渠道，与时俱进，多方位及时学习家庭教育相关知识，转变"家长制""保姆型"极端观念，把孩子当作独立的个体，尊重孩子的独立性，让孩子参与到家务劳动中来，既不能过于严厉，也不能过于溺爱包办一切，要注意培养孩子自己解决问题的能力，而不能剥夺他们锻炼的机会。比如，可以和孩子一起制订学习作息时间表、一起交流对初中生活的看法，让孩子调整心态，改善对初中生活的担心和焦虑。

2. 优化亲子交流，营造良好的家庭氛围

良好的亲子关系可以培养健全的人格，增强孩子战胜困难的勇气，但在日常的家庭教育中，经常会有这种现象，就是父母不能与孩子进行有效的沟通。有的父母与孩子的沟通建立在一种命令式的模式中，父母走不进孩子的心里，孩子也拒绝父母了解他的世界。

父母要做孩子的朋友，这是经过许多专家研究和很多事实证明的结果。家长在对孩子进行适应教育的过程中，要优化亲子交流。首先要善于倾听，听到孩子的心声；其次，不要急于评判孩子的言行，孩子正常表达的所有问题是由他的认知水平决定的，不能用大人的观点去评判；最后，进行有效沟通，比如，孩子说他适应不了这个学校，家长可以问孩子，遇到了哪些困难？和孩子一起分析，从而把孩子心里的顾虑逐一化解。如果家长只用一句简单的话："别人都能适应得了，为什么你适应不了？"来回应，这样不但切断了继续交流下去的可能，而且还增添了孩子的心理压力：我是不是比别人差？父母是不是不爱我？……这样不但没有解决问题，也加剧了家庭氛围的紧张，不利于孩子身心健康的发展。

3. 提前准备，注意习惯的养成

俗话说，"机会是留给有准备的人"。孩子入学了，家长也可以通过宿管员、班主任，了解学校的规章制度，知道什么能做，什么不能做等，可以依据学校的规章制度、作息安排，与孩子一起根据她自己的习惯商量探讨出合适的学习生活安排，缓解孩子内心的慌乱感、焦虑感；当生活与学习慢慢有序起来，孩子找到了自信，就不会再想逃避新学校了；平时让孩子独立完成力所能及的家务，培养孩子的自我管理能力、自我照顾能力，有利于孩子在初中更好地生活与学习。

【知识拓展】

初中是孩子从幼稚的童年逐渐向青少年过渡的时期，初一更处于青春断乳期和性格形成期交织的阶段，是人生中一个重要转折点。告别小学步入初中，无论是新环境、课程设置、学习内容与方法，还是人际关系、身心发育，初一孩子都会面临许多新问题和挑战。这些所呈现的类型各异、程度不同的适应问题，从一定意义上可以看作是一种正常的心理现象，它是个体与新环境在相互作用中重新建立新的平衡的必然过程，是个体不断进行自我完善的必经阶段和必然反应。如果任由孩子被动、强硬地适应，则可能带来消极影响，不仅会极大挫伤孩子的学习积极性，更会引发各种心理问题，影响其健康成长。因此，有必要对孩子就初一新学段进行及时、科学、有效的引导，帮助他们调整自我、调控情绪，尽快适应新的学校环境，适应初中的学习生活，为今后的人生发展奠定良好的基础。

【心法一诀】

青春的列车，今日重新出发；新的起点，我愿与你携手并进！

赖雪玲，茂名市第一中学政治教师，茂名市教育工委优秀党务工作者、市直教坛新秀。

考试失利，如何避免孩子抑郁

【父母心声】

这年夏天，正翔拿到了深圳市十大重点高中之一的录取通知书。设计精美的红色通知书让我们感到骄傲又自豪，踌躇满志地畅想着未来如何跨过"高考"的巨大门槛。

在这样的情况下，猝不及防的打击来了，第一次月考成绩单公布了。当他怀着兴奋和一丝骄傲去看班主任手上的名单时，瞬间心情跌至低谷。全班48人，他排在第30位，中等偏下。正翔的中考成绩在初中学校排名是年级第三，经常被老师夸赞，可是高中才一个月，他从一个优秀的"领跑者"，变成了一个"后进生"。

接二连三的打击来自课堂。数学课上，当周围的同学很容易回答出老师的提问时，正翔总是找不到老师讲到了哪里，每一节数学课都在忐忑不安中度过。他尝试在上其他课的时候偷偷学习数学，可是初中的常用方法在高中根本行不通。最后，不仅数学垮了，连带着其他科目也被拖垮了。上课时只要老师提问，他就尽量低着头，回避老师的视线。再一次数学测验，100分的试卷，他只考了59分。

上高中后，孩子不贪玩了，我以为他在悄悄努力，却不知道他其实在发呆；孩子说话少了，我以为他沉稳了，却不知道他是封闭了。终于有一天，老师叫孩子回答问题，正翔沉默着不回答，老师多问几遍，他依旧沉默不语。老师终于不耐烦地说："你到底想什么呢？"孩子说："我想从窗台跳下去。"班主任吓到了，建议我带孩子去医院看看。医生的诊断结果显示孩子有抑郁倾向。

【现象扫描】

在一个全民重视教育的时代，提升孩子的学习力是一个绕不过的话题。学科教育让孩子在单个跑道上跑得更快，而提升孩子的学习力是培养孩子跑得更快的方法。拥有了高效学习的能力，孩子在哪个跑道上都能跑得快。

学生到了高中阶段，学习方面会发生巨变，适应能力不够强的孩子，就会身心受挫，严重者可能会出现抑郁症状。

正翔妈妈对孩子高中之前的成绩非常满意，对孩子的高考原本也十分期待，但因为对高中阶段的学习生活不够了解，对孩子缺乏及时、正确的引导，从而感到焦虑无助。

正翔进入重点高中后，因学业挫折产生严重焦虑情绪和学习障碍。咨询师综合运用放松训练和认知重构方法，使正翔获得对自己学业的合理观念；通过团体活动，配合亲子会谈，调整家庭气氛使其获得良好的社会支持；帮助正翔学会合理面对学业与考试，增强其心理弹性和社会适应性。

【教师支招】

1. 重视情商甚于智商

在如今的这个时代，家长留给孩子的最有益的资本绝对不是金钱，而是优秀的素质和综合的能力，我们把它称为"智本"。一个能力平平的人，即便他掌握着万贯家财，却未必能守住，更不用说创造新的财富，而一个没有任何资本却以"智本"取胜的孩子就不同了，他具有创造的潜力。

孩子在学习方面受到接二连三的打击，但他本身智商是没有问题的。这时家长要调整心态，制定目标时应该考虑孩子的具体条件和意愿，以帮助孩子重塑自信心为出发点，使孩子处于一个放松的心理状态，从而轻松愉快地学习。

2. 帮助孩子纠正心理偏差

请心理老师进行合理的情绪疗法，帮助孩子纠正自己不合理的认知，而后通过驳斥不合理的认知形成合理的认知。

正翔身上存在的不合理认知主要有：①把以往环境中的成绩优异视作理所当然，认为自己在任何环境里都应该成绩优异；②认为只要付出就有回报，看不到勤奋并非成功的唯一影响因素；③认为学生必须得到老师的表扬、同学的关注，才是有价值的；④否定自己，根本没有可能考上理想的大学。

家长或者请心理教师和正翔共同探讨自身存在的问题，使孩子认识到，随着环境的变化，个人不可能永远是人群中最优秀的。学习是一个努力奋斗的过程，但不是努力就一定有回报。自己的价值也不是一定体现在老师的表扬和同学的关注上，要看到自己的成长。

3. 帮助孩子建立"正向心理循环"

面对初高中学习在教材和方法上的巨大差异，高一新生应该及时转变自我观念，根据新群体中的实际情况，客观地审视自己，选准参照系，多纵向比较，不骄傲、不自卑。结合高中学习特点，改变初中"听、背、默"的被动式学习方式，重视时间管理，学会自主学习，训练自己阅读、理解、分析问题和解决问题的能力，养成预习、复习等良好的习惯。

对正翔这样的孩子，可以督促其养成每天一次自省的习惯。对一天所学的知识进行全方面考查，哪些地方没有搞懂，哪些地方需要花时间细看，并把明天的学习计划提前安排。同时，寻找与成绩好的同学产生差距的原因，重新审视自身的缺点，合理分配自己的时间。经过这样调整，将会促进各科成绩稳步提升，从而缓解学习带来的焦虑。

家长在孩子取得一点成效后要起到关键的"第一推动"作用，注意培养孩子的"正向心理循环"，给孩子灌输成功的意念之后就可以制造出成功的事实，而成功的事实又进一步强化孩子成功的信念。如此的心理状态循环下去，将会为孩子建立一个好的"心理循环"。

【知识拓展】

"习得性无助"是美国心理学家塞利格曼提出的一个概念，即有机体通过多次或长久的努力，却始终不能达到预期的效果，从而产生的对应付情境的无能为力感，就叫习得性无助感或习得性绝望感。因此，"习得性无助"是一种被动的消极行为。产生习得性无助感后，如果不能得到及时调节，容易导致自我怀疑、自我否定和自我设限等，使人变得悲观绝望，听任外界摆布，任自己的命运随外力的强弱而波动起伏，最终选择相信痛苦，放弃任何反抗，形成绝望的心理。

在高中阶段的学习中，高一过渡是关键，学生能否平安顺利地从初中学习过渡过来，是学生高中学习阶段是否取得成效的关键，也是学生能否继续终身学习的关键。

一方面班主任要对家长进行家庭教育指导，另一方面还要构建和谐进取的班集体，优化教育教学环境。学生进入新班级，都带着希望和梦想而来，每一个学生既兴奋又惶恐，对班级教师和同学都渴望建立一种新型的良好关系。因此，抓住这一契机，尽快构建一个和谐进取的班级，为学生创造一个健康发展的环境。

【心法一诀】

分数只是个数字，它并不能证明孩子真正学到了多少知识，更不能证明一个孩子的品格与才能如何。

要想让孩子持续适应，需要让孩子拥有从内核生长的能力，同时要接纳孩子成长的现在以及可能的未来。孩子的成长"不只有奔跑，还可以舞蹈"。

唐露，曾任深圳市第二实验学校集团政治老师，现为深圳小学光明学校中心校区道德与法治老师，深圳市名班主任工作室主持人。

如何帮助孩子缓解升学压力

【父母心声】

我是一名六年级学生家长,女儿叫李丽,我和孩子妈妈在工作上都比较忙,陪伴孩子的时间较少,孩子在进入六年级之前成绩中等。因为我们从来没有对她的成绩提出太高的要求,对她各个方面的要求都很宽松,她一直是快快乐乐的。

没想到升入六年级之后,女儿好像有心事了,有时候还唉声叹气的。我们问她,她吞吞吐吐不肯说或者说我们不懂的。我们非常着急,悄悄问她的好朋友,也打电话咨询学校的老师,但他们都说李丽在学校很正常。

我们也反思自己是不是陪伴她太少,就尽量推掉工作在家陪她,但也没有什么改善。我们希望陪她玩,但她总是把自己的房间门锁上,不让我们进去。我们想跟她好好聊聊,她却说:"爸爸妈妈都很好,跟你们没有关系的。"

昨天我在打扫孩子的房间时发现了孩子撕掉的日记本,上面写着"我的成绩为什么不能更好一些?",我们俩很纳闷,我们从来没有要求她成绩要达到什么标准,她自己之前也是能够接受自己成绩不是很优秀的,现在为什么这么在乎成绩了呢?我们跟她说:"不管你成绩怎么样,你都是我们的好女儿。"我心想,我们没有给孩子任何压力，为什么孩子还是会为成绩烦恼呢？

【现象扫描】

看到李丽同学在升入六年级后对成绩态度的变化导致压力增加，作为父亲确实会着急担心，而且也在疑惑为什么自己并没有对孩子的成绩有高要求，孩子却会为成绩担心、焦虑。

从孩子的角度看，有三个原因。其一，孩子升入六年级了，面临着升入新学校的压力。当地升学的政策和社会舆论会在无形中制造压力，对孩子有潜移默化的影响，这让她为自己会进入什么样的学校担心、焦虑。其二，虽然压力在某种程度上说也是一种动力，可以激发斗志，起到积极的作用，但六年级的孩子对压力的理解不够深刻，无法掌握这种内在的影响力，因此压力的消极作用更大一些。其三，李丽知道自己的父母不是太在意成绩，但现在孩子对自己的要求提高了，想提升成绩，而爸爸妈妈只会说没事、这样就很好等类似安慰的话，不能给予自己真正的帮助，所以李丽不愿意跟父母多谈学习的事情。

从家长的角度看，有两个原因。其一，家长没有找到孩子变化的原因。孩子之所以不快乐，是因为有了升学压力。家长要想办法纾解孩子的升学压力，而不是去想为什么自己对成绩没有要求，孩子反而在意成绩。其二，家长没有根据孩子的实际情况给予帮助。李丽六年级了，她希望自己提高成绩，家长应该帮助孩子提高成绩，而不是像以前一样给予无效的安抚。

【教师支招】

1. 认真倾听孩子

认真倾听孩子的心声，让孩子感受到父母的理解与爱。

（1）保持目光接触。倾听时，耳朵要听孩子在说什么，眼睛一定要直视孩子，保持目光交流，友善的目光是让孩子继续说下去的有力支持。如果你倾听时，不与孩子进行眼神沟通，甚至不看着孩子，只是有一句没一句应付着，孩子会感觉你对他讲的内容不重视，没有感受到尊重。人能够用言辞来欺骗对方，却很难掩饰目光、微表情、微动作表现出来的真实感受，目光接触中透露出的真诚，是与孩子正确沟通的开始。

（2）不要分心或打断孩子。倾听的过程中，父母一定要保持耐心，哪怕孩子表达得并不清楚，或者内容你并不感兴趣，但也要静静地听他说完。同时，哪怕你已经猜到孩子后面会说些什么，也千万不要当即打断，然后苦口婆心地对孩子进行劝慰。

（3）复述孩子的意思，确认理解正确。家长不要认为作为大人，肯定不会错误理解孩子的意思。家长可以尝试着复述孩子的意思，对孩子的感受进行理解性的阐述。这不仅会让孩子确认你在认真听他说话，也能让他学会更好的沟通表达方式，以便在日后的沟通中有更清晰的表达。

你也可以在表达自己的想法之前，试着问下孩子是否有了计划和方法，再根据孩子的计划，给予支持。当然，如果孩子的想法、计划不正确，也不要急着用家长的权威去指责、批评孩子，而是应该与孩子一起商讨出双方都满意的解决方案。

我们常说"对事不对人"，在与孩子沟通时，也是如此，对孩子的想法、计划有意见，也只聚焦在问题本身，不要无限放大。

2. 帮助孩子提高学习成绩

家长了解了孩子有想学得更好的愿望，一定要表达自己的赞赏。对自己有高要求，才会让自己更优秀，这是值得祝贺的事情。这样的表达正好说到了孩子的心里,孩子自然就不会说父母不懂自己,而把父母"推"出去。

与孩子一起分析她的学习情况。可以从学习习惯、时间管理、知识点掌握等方面分析,找出孩子的优势和不足,然后一起制订学习计划,并每天鼓励孩子完成,提出期待与鼓励。只有让孩子看到和自己想法一致的父母,看到有办法、有执行力的父母,孩子才能感受到父母的爱,学习的动力也会更足。

父母要做好孩子学习的后勤保障工作。减少家庭环境对孩子的影响,在孩子学习时,减少或者降低家人谈话,同时避免音乐、电脑、噪声、电话等对孩子的干扰。为孩子提供可口又有营养的饭菜,为孩子的学习提供充足能量。

3. 陪伴并教会孩子缓解压力

(1)尝试深呼吸。在呼吸的过程中,让孩子感受到腹部(不是胸部)在运动。让孩子将一只手放在肚子上,另一只手放在胸前。当吸气时,腹部就会向外运动;呼气时,腹部就会向内运动。让孩子这样重复几次深呼吸,在吸气或呼气的时候,从一数到三或五。告诉孩子,当她意识到需要冷静的时候,这个腹式呼吸方法就能派上用场。

(2)带孩子进行喜欢的运动。运动可以使人体分泌多巴胺和内啡肽,让大脑产生愉悦的感觉,能够及时缓解人的压力。

(3)和孩子一起唱歌、听音乐。让孩子选自己喜欢的音乐或者歌曲,一起陪着孩子大声唱。

4. 给孩子讲一讲自己面临升学时的情况

也许父母小时候也经历过跟孩子一样的情况,遇到过一样的难题。父母可以把自己或者自己的同学在小升初时候的想法与做法讲给孩子听,尤其是自己当时怎样面对的,用通俗易懂的语言跟孩子分享，让孩子知道自己的父母原来也面临过这样的烦恼，孩子就会轻松很多，也更愿意跟父母沟通。不要避讳作为父母自己做得不好的情况，如果只有正确的、优秀的做法，反而会让孩子产生距离感和无力感。另外，父母告诉孩子自己是如何面对压力的，无形中给孩子树立榜样，从而让孩子有缓解压力的信心和勇气。

【知识拓展】

一个人将自身的成功或失败归因于什么，这会影响他今后行为的发展。美国心理学家维纳将人的成败归结于能力高低、努力程度、任务难度、运气好坏、身心状态、外界环境六个因素，又认为这六个因素可归为内部与外部、稳定与不稳定、可控与不可控三个维度。若人们能将自身的成败归因为内在可控的因素就会积极进取、寻求新发展；若人们将自身的成败归因为外在不可控的因素就会失去信心，什么事都做不好。因此，教会孩子合理归因是非常重要的。

积极的归因能够促使孩子产生强大而持久的动力。努力能够为他们带来更多的成就和动力。因此，孩子可以为自己设定一个目标，这个目标不能太难也不能太容易，需要具有适中的挑战性。并且这个目标必须通过自己的努力才能达到，能够让自身体验到努力所带来的喜悦、成功与踏实感，以及不努力所带来的无所事事、空虚和无聊的感觉，从而为自身带来更大的动力。

努力是归因中最好也是最常用的方式，但不是所有的成败都能够归因于努力。凡事都要结合自身的实际情况进行归因，归因才会更有指导意义。

【心法一诀】

伽利略说:"生命犹如铁砧,愈被敲打,愈能发出火花。"愿智慧的家长陪伴并教会孩子面对压力,让生命的火花经过敲打之后更灿烂。

郭媛媛,北京市朝阳区白家庄小学心理教师,北京市朝阳区骨干班主任。

孩子写作业拖拉磨蹭，怎么办

【父母心声】

儿子小华上六年级了。六年级学生既要学习新课，又要进行系统复习，面临着最后的冲刺阶段，但孩子做作业总是磨磨蹭蹭，经常无法完成作业。到了睡觉的时间，作业还是没有完成，我也只好让孩子上床睡觉。

第二天孩子上学了，我总会接到老师的电话，被告知昨天孩子的作业又没有完成，我心里真不是个滋味。但是孩子每天一回家就做作业，而且经常做到很晚，做没做完我不知道。孩子做作业时，我只要有时间就会坐在他身边，督导他做作业，但他总是不专心，拖拖拉拉。我真是很无奈啊！

【现象扫描】

写作业拖拉是很多孩子的通病，也是很多家长的"噩梦"。很多孩子像小华一样，每天放学回家放下书包，吃过晚饭就开始写作业。但在家写作业时，一会儿在书包里找东西，一会儿拿着笔发呆，一会儿喝水吃东西，一会儿上厕所……有时家中有客人，家长和客人聊天，孩子还不时地插上几句……一晃几个小时过去了，孩子的作业还是没有做完。为了保证睡眠时间，家长不得不让孩子按时上床睡觉。

但等到第二天上学，老师的电话就会打过来，告诉家长，孩子的作业没有完成。有时家长抽出时间专门陪孩子写作业，孩子依然是磨磨蹭蹭，让家长非常生气却又无可奈何。这种感受，许多家长都深有体会。

孩子写作业拖沓，家长不能简单地斥责孩子不爱学习，想要有效解决孩子磨蹭的毛病，就要挖掘孩子写作业拖沓背后的深层原因。

一是家长包办代替过多。心理学家阿尔弗雷德·阿德勒在《儿童人格教育》中指出："一个有拖延习惯的儿童背后，总有一个事无巨细为其整理收拾的人。"家长包办太多，孩子动手能力的欠缺和惰性心理也会迁移到孩子的学习当中，导致孩子做什么都不积极不勤奋。二是学习有困难，或者家长要求过高，孩子在学习中没有体会过成功的愉悦，所以对学习提不起兴趣。三是故意磨蹭，以寻求家长的关注和陪伴，增强内心的安全感。四是消极抵抗。美国心理学家Timothy Pychl（蒂莫西·皮切尔）博士的一项研究发现：专制、严厉的父母，更容易养出爱拖延的孩子。孩子的磨蹭也是给家长发出信号，提醒家长改变教育方式，用尊重、平等、商量的语气和孩子沟通，让孩子自主选择，随着孩子的成长，多给他自己做主的机会。

【教师支招】

要改掉孩子写作业拖拉的坏习惯，家长就要尽早开始帮助孩子建立良好的学习习惯。

1. 营造良好的学习氛围

家长要为孩子营造一个安静、愉悦的学习环境。在孩子学习的时候，家长不要打扰孩子，让孩子安静地学习。如喜爱看电视的家长，吃过晚饭，就要关掉电视，利用这个时间干干家务，或看看书，或出去散散步，千万不要在孩子做作业时，在家打候、打游戏、看电视等，这样会影响孩子学习。家中有客人的时候，让孩子关上自己的房门，或者家长与客人到室外聊天，避免分散孩子的注意力。孩子学习时，家长可以看书或者安静地处理工作，给孩子树立良好榜样。当孩子看到家人在努力学习，就会学着去模仿。榜样示范会起到潜移默化的作用，久而久之，孩子就会形成良好的学习习惯。

2. 养成良好的习惯

著名教育家叶圣陶先生说："什么是教育？简单一句话，就是养成良好的习惯。"有良好的习惯，学习成绩肯定会好。良好习惯的养成非常重要，包括学习习惯、思维习惯、生活习惯、饮食习惯、卫生习惯等，这些都有助于孩子的成长。比如，学习习惯，孩子写作业时，先将房间和桌子布置得尽量简单，桌上除了纸、笔等学习用品，其他的全部拿走。学习文具尽量选择只有单一文具功能的，不要选择花哨的，这样会影响孩子的注意力。在孩子学习期间，家长不要给孩子提供吃喝，也不要和孩子说话，以免打断孩子的学习，告诉孩子在家做作业也要与在学校一样，固定时间写作业，固定时间休息。

3. 和孩子一起制订计划

一是选择一个宽裕的时间，和孩子一起沟通，制订一份学习计划。对于计划的每一部分，充分尊重孩子的想法，认真聆听孩子这样制订的原因。如果孩子有好的想法，一定不要吝啬鼓励和嘉奖。二是指导孩子分梯度完成作业，让孩子先做简单的作业，再做困难的，区分作业难易程度，规定完成时间。孩子越快写完就给孩子多一些玩耍的时间，让孩子体验学习的愉悦感，激励孩子尽快完成作业。三是坚持，好习惯要坚持，坚持就是胜利。

4. 用心陪伴

小学生虽然没有初中生、高中生那么紧张，但是仍然面临着小升初的压力。特别是孩子即将进入青春期，许多孩子都有自己的情绪、自己的想法，希望得到父母的关爱。所以家长一定要多抽出时间陪伴孩子，加强与孩子的沟通，关注孩子心理变化和生理变化，给予孩子充分的支持和关爱，让孩子充分感受到来自父母的爱。

5. 家校沟通，形成教育合力

家长要经常与老师进行沟通，及时反馈孩子的进步，了解孩子的不足，与学校教育形成合力。在家里的教育，一定要注意与学校老师的要求保持一致，与学校要求不一致的地方一定要与老师私下沟通，不可当着孩子的面说，否则当孩子察觉到家长和老师说得不一样，对想要逐步走向独立、拥有反叛意识的孩子来说，将出现效果为"零"的教育。教育孩子是教师的责任，更是家长的责任。

【知识拓展】

六年级是孩子小学阶段的关键期，即将开启中学学习之旅，孩子有诸多压力和迷茫。父母无论多忙，每天都要抽空陪陪自己的孩子，关注孩子的变化。在陪伴孩子的时候，一定要用心。人与人之间的距离是可怕的，哪怕父母与孩子之间也不例外。只有高质量的陪伴才能满足孩子对亲情的渴求，全心全意地陪伴孩子，孩子才能体会到父母的爱，从而更加专心地学习，更加健康快乐地成长。

每个人都期望自己的孩子是最棒的，但不可能每次都是第一。家长不应好高骛远，应引导孩子从脚踏实地做好每一件小事开始，从养成良好的行为习惯、学习习惯开始。对于孩子来说，过程比结果更重要。孩子考砸的时候，帮他分析原因，找差距，在以后的考试和作业中不犯类似错误，比一味追求高分更重要。人的成长是一个漫长的过程，欲使孩子成才，先教孩子成人。只要我们有耐心、有毅力、持之以恒，相信每一位孩子都能够发出自己最耀眼的光芒。

【心法一诀】

好习惯成就好人生，用心陪伴孩子成长，引导孩子养成好习惯，将让孩子受益一生。

李鹃，湖北省宜昌市秭归县归州镇航天希望小学道德与法治老师，秭归县"优秀教师"、宜昌市课改"先进个人"。

孩子学业压力大,家长应该这么做

【父母心声】

女儿步入九年级了,她生性好强,自尊心强,总想考到班上数一数二的成绩。每次考试成绩下发后,她就闷闷不乐,总觉得自己没有考到理想的成绩,没有达到自己的预期。她每天晚上回家后,总是花费大量的时间来学习,读背白天所学的知识点,做自己买的学习辅导资料上的题目,有时11点才睡觉,第二天又要早起,早上起床时睡眼蒙眬,精神不佳。如此往复,我非常担忧她的身体,便告诉她:"你睡得这么晚,利用本该睡觉的时间来学习,第二天上课时会头昏脑涨,听不进去,这样恶性循环,学习成绩哪会好呢?"但说了也没用,她晚上回家照样重复昨天的步骤。强行让她不做作业去睡觉吧,又怕破坏亲子关系,影响她的情绪。作为家长,我是看在眼里,急在心里。有时恨不得自己直接帮助女儿解决学业中的一切难题。但事实上,看到如此复杂的题目,我是一窍不通,对于她的学业,我心有余而力不足。我到底应该怎样引导女儿坦然面对九年级繁重的学业压力呢?

【现象扫描】

到了九年级,孩子们的学业压力明显增大。一是学习科目繁多。

从清晨到校，孩子们按课表上完课、做完作业，晚上回家，每天重复这个流程，能坚持下来就已经相当不错了。二是考试焦虑。每次考试，考前考后的焦虑让部分孩子吃不香睡不好，心理负担重。三是同伴之间的竞争。青少年的自我意识增强，也更在乎外界对自己的看法，谁都不想被他人看低。同学间内卷严重，课后你做一道题，我就要做两道题；你复习半小时，我就要复习一小时，生怕落后于他人。大家都非常在乎学业成绩，把成绩当作自己是否能扬眉吐气的标准之一。四是家长的期待。父母经常会在孩子耳边唠叨："你一定要好好学习，考个好大学，将来找个好工作，我们这么辛苦，全都是为了你。"如此一来，孩子就会认为，父母这么辛苦，为了我起早贪黑，挣钱艰难，如果我的成绩不够好，就对不起父母。父母的态度无形之中给孩子传递了焦虑，增添了压力。

【教师支招】

望子成龙、望女成凤是中国父母的传统愿望。哪个父母不希望自己的子女优秀呢？那么如何帮助九年级的孩子适应毕业期的学业压力，平稳度过这至关重要的一年呢？

1. 帮助孩子制订目标管理计划

不管什么样的人生，都需要确定目标，有了目标就有了方向，有了方向就有了动力。为此，家长要和孩子充分沟通，在了解自己孩子实力的基础上，与孩子一起制订适合他的目标管理计划。目标一定不能好高骛远，要让孩子跳起来就能达到，如果用力跳起来还是触碰不到就会让孩子丧失信心。目标管理计划包括"我的目标、我的要求、我的现状（目标成绩、现有成绩）、我的资源（时长、人力）"等，尤其需要注意的是，填写过程一定是孩子独立自主完成，父母不需要给任何强制性意见和建议。这样孩子就会意识到，这个目标是自己从心底里要达成的，而不是其他任何人想要的。制订完成后，贴在家里最醒目的位置，以此来鞭策自己达成目标。罗曼·罗兰曾说："为了高尚的目标，多大的代价我也愿意付出。"相信热血沸腾的青少年，有了清晰可及的奋斗目标，一定会全力以赴。

2. 引导孩子做好时间管理

时间就像海绵里的水一样，只要愿意挤，总还是有的。九年级学生科目繁多，时间紧张，如果不好好规划，就会"眉毛胡子一把抓"，最终什么都没抓好。家长在日常生活中，要有意识地引导孩子做好时间管理，并当好监督者。首先，要从小到大进行时间规划，例如，每节课、每天、每周、每个月都要做些什么，做到手中有事，心中有数，完成一项就在时间管理表格上划掉。其次，在弱科上要投入更多的时间。例如，数学成绩较差，可以每天晚上利用15分钟专门攻克一道数学题，每天训练一点，日积月累，则效果明显。如果在弱科上面能够提分，总成绩将会更好。再者，每晚的睡眠时间必须保证，到了10：30不管有多少任务没有完成，这时都应立即停止，督促孩子迅速去洗漱睡觉。睡眠对学生的健康成长有着极其重要的影响，与儿童青少年的体格生长、大脑智力发育、情绪行为发展、代谢功能稳定等都有着极其密切的关联，是机体复原和巩固记忆的重要环节。对正处于快速生长发育阶段的学生来说，睡眠被剥夺、生物节律紊乱不仅会引起短期注意力不集中、学业成绩下降等后果，长期来看更可能损害儿童青少年脑功能，导致注意力、理解力衰退，机敏度变得迟缓，产生心慌、抑郁、焦虑、注意力缺陷、行为冲动等情绪行为问题，显著增加肥胖等代谢性疾病风险，从而损害学生身心健康与学业发展。

在时间管理上，青少年不免会管不住自己，作为父母，我们要当好孩子的引领者、示范者、监督者和守护者,在孩子披荆斩棘的路上一路守望。

3. 专注力训练

专注力又称注意力,指一个人专心于某一事物或活动时的心理状态。专注力的好坏会直接影响孩子的学习能力。首先,家长每天可以抽出时间陪伴孩子进行正念练习,将全部注意力集中于当下,包括当前的想法、感觉、环境、呼吸、心跳等,保持自己的意识就在当下,并通过正念阅读、正念饮食等训练专注力。当注意力放在当前发生的事情上时,孩子的效率就会大大提高,表现也会更加出色。其次,家长可以引导孩子对多任务进行评估,分轻重缓急来依次完成。因为多任务同时处理会降低我们的认知能力,大脑一次只能完全专注于一项任务。对于当前需要完成的任务,可以分成重要紧急、重要不紧急、紧急不重要、不紧急不重要这四项,依次完成。如此一来,就在大脑中注入了"清醒剂",擘画了"路线图",从而确保能啃下一块硬骨头,完成所有硬任务。

每当看到孩子伏案苦读的身影,家长一定心疼不已,我们对孩子有爱也有期待,倾尽所有给予孩子足够的支持和帮助,希望他们一生顺利、健康,但我们不能否认和必须面对的现实是孩子一生该走的弯路、难路、苦路一条也不会少!作为父母,我们要一边守护、一边放手,目送孩子渐行渐远的背影。

【知识拓展】

父母是孩子的第一任老师。孩子的学业压力与父母有着很大的关系。作为父母,首先,我们要做到倾听孩子内心最真实的声音,理解他们、包容他们。对于孩子的成功,哪怕再小,也要给予肯定和认可，给他们足够的信心。对于孩子偶尔的失败，不评判不指责，静下心来和孩子一起分析原因，积极应对。其次，在孩子成长的道路上，充分尊重他们的选择，对他们的兴趣爱好不以耽误学习为由而横加阻拦。要给足孩子发展个性的空间，让他们劳逸结合，为自己枯燥单调的生活增添一些色彩。最后，我们要时常告诉孩子："不管你是怎样的，爸爸妈妈都很爱你！"让孩子和父母真正形成深深的情感依恋，这也是孩子未来去拼搏闯荡时最大的底气。

【心法一诀】

压力虽大不要乱，放平心态最重要。面对压力不要怕，找准方法最重要。攻克压力并不难，亲子合力渡难关。

李瑞莉，湖北省宜昌市秭归县第一实验中学心理健康教育教师，宜昌市1+1+N心理健康教育骨干教师。

关键期给予关键帮助

【父母心声】

我儿子亮亮现在读小学三年级。我们发现,他从进入三年级后发生了巨大的变化。经常是我们批评一句,他顶嘴好几句,逆反心相当强。家务劳动不愿意参与,平时让他洗下红领巾或者袜子,嘴都要撅到天上了;学校老师布置的作业会准时完成,但若想让他额外多写点儿练习题简直比登天还难。孩子在一二年级时,想着他还小,所以对他的很多行为都会比较包容,很多事情我们也会图省事而代劳。但现在他总是丢东落西,时常被老师批评书本或者文具没带,写作业拖拖拉拉,订正补写也没有及时完成。

他虽然会主动阅读,阅读速度也跟得上,但一到写作文,就开始各种磨蹭,经过很长时间折腾出来的文章,语言干巴,逻辑混乱,还有很多的错别字。我一直很焦虑,怎么到了三年级就出现了各种各样的问题呢?面对孩子出现的各种问题,我该怎么办呢?

【现象扫描】

小学三年级学习的难度开始增加,面临更多的课堂学习任务。此时,孩子们开始接触高难度的学科知识和技能,经常需要综合处理大量的信息,包括文字、数字和图像等,这对他们的视觉和认知系统都是一个挑战。在三年级，孩子要正式开始写作文，相较于之前的看图写话、简单造句，有章法的作文，写作难度系数直线上升。数学的逻辑思维和计算能力的要求也提高了，需要孩子在学习策略上做相应的调整。倘若之前没有养成良好的学习习惯，没有合理的学习目标，缺乏学习上的规划，他们将会疲于应对难度日渐增加的学业负担，也会失去前进的动力，拖拉、消极对抗的情绪也就会随之产生。

随着自我意识的觉醒，三年级的孩子会越来越有主见，对事情也会有自己的判断。这个时候孩子将会进入他们人生中新的叛逆期，犟嘴、反抗、发脾气这些现象都会出现，如果此时家长还是以权威者自居，那么亲子关系也会急剧恶化。

【教师支招】

小学三年级，对于孩子们来说是一个重要的转折点。孩子们需要逐渐接受高难度的学习挑战，掌握更多的知识和技能，培养良好的学习习惯。

家长可以结合教育部关工委推出的2022年家庭教育公开课，学习最新的家庭教育理念，也可以观看智慧父母平台的各种视频资源为自己的育儿助力。父母应该基于孩子的生理和心理特点，有意识地培养他们良好的生活习惯、学习习惯、情绪自控能力以及冷静的处事能力。

面对孩子们出现的问题，既然知道了根源，我们就需要采取一些具体策略来帮助孩子度过三年级这道"坎儿"。

1. 培养良好习惯，让孩子自己管理学习

好习惯胜过好老师。处于三年级关键期的孩子，要养成及时复习、提前预习的学习习惯。预习可以让孩子对即将学习的内容做到心中有数，这样在学习新课时，才可以有的放矢，把主要精力放在重难

点的学习上。复习的过程也是复盘学习的过程，孩子可以查漏补缺，重建知识架构，建立知识间的前后联系。做好了预习和复习，孩子学习起来才会得心应手。

收纳整理的习惯也需要重点培养。孩子需要习惯对照课表，把各个学科书本、学具分类装入相应的文档袋，作业归到专用作业袋，开始阶段是需要家长监督。书包和书桌整理得井井有条的孩子，一般都会做事有条理，自控能力强，这样也可以有效避免丢三落四的现象。

2. 增强劳动意识，培养孩子的独立性

三年级的孩子，很多事情可以自己独立完成。我们可以尝试放手让孩子参与家庭劳动，比如，洗碗、扫地、整理床铺、养护绿植和宠物等。孩子参与家务劳动则更理解家人的辛苦，学会珍惜别人的劳动成果，从而更好地增强孩子的家庭认同感和归属感。

3. 尊重孩子，平等和孩子沟通

经历了9岁之变，孩子们的自我意识开始觉醒，并尝试理解和接受成人世界的规则。我们要学着平等跟孩子交流，《孩子，挑战》一书中提出："平等，不仅仅停留在口头或者法律层面，而是在日常生活中，看得到摸得着的相互尊重，平等对待。"每个人都有为自己做决定的权力。虽然很多时候，我们成年人是担心孩子犯错误、走弯路，看到孩子一意孤行可能带来的不良后果，但是我们的干涉恰恰让孩子错过体验生活的苦难与挫折的机会，也极有可能会引来孩子的逆反和对抗。我们可以善意地提醒孩子，如果按照自己的决定走下去，需要承担什么样的后果，至于要不要坚持，由孩子自己做决定，此举也给了孩子承担后果的勇气。

4. 合理设定目标，激发孩子的内驱力

目标可以成为孩子学习路上的指路明灯，我们可以跟孩子一起，结合他们的兴趣和特长商定出他们的远期目标和近期目标。远期目标可以让孩子考虑一下自己长大后想要从事什么职业，现在需要做哪些方面的知识储备；近期目标让孩子知道小步子原理，有了远大的目标做指引，我们可以跟孩子一起把大目标切割成小目标，并研究当下我们的小目标要采取什么措施可以达到。有了达成目标的成就感，才会持续向下一个目标进发。孩子确定了目标，就会有不竭的动力，从而形成一种自驱型成长模式。

5. 依据学科特点，综合提升素养

三年级的阅读难度也在逐渐加大，随着学生识字量的增长阅读篇目变长，理解难度系数也升级了，要求孩子不仅能完整地读完文章，还能够通过文章的阅读，进行关键信息的提取。比如，在阅读"快乐读书吧"推荐的书目《安徒生童话》，书里在介绍新朋友的环节就提出了以下问题：你心目中的拇指姑娘是什么样子的？请你结合故事内容把她的特点写下来，并向小伙伴介绍她。我们可以提醒孩子在阅读时完成老师设计的阅读单，把阅读落到实处，读有所获，悟有所得。

写作也是三年级语文学习最难突破的点。小学低段学习中，老师更倾向于形象思维的教学，写作也是从开始的组词、造句，到看图写话，把图画中呈现的信息用完整的句子描述即可。但是到了三年级，不管是课后的仿写还是单元习作内容，都有了明确的写作要求，这就需要孩子把课堂上老师通过课文所教授的写作要领结合生活用在实际写作中，留心观察生活，多进行片段仿写。

【知识拓展】

孩子的身心随着年龄的增长在经历一系列的变化，其实这些都跟孩子正处于一个人生转变的关键期有关。

第一,孩子的生理和心理特点变化比较明显,他们处于从形象思维到抽象思维的过渡期,进入了皮亚杰认知发展理论中的具体运算阶段。在这个阶段,孩子逐渐学会从他人角度去看问题。但是,孩子仍然以形象思维为主,是非观念不强,容易被外界所影响,面对挫折时依然容易动摇。

第二,孩子正在从一个懵懂的儿童成长为具备独立自主意识,遇事有主见,有一定自控性的少年。在一二年级,家长可以借助权威去让孩子做一些大人希望他做的事情,比如,额外的作业、家务劳动等。但是,到了三年级,家长会突然发现自己掌控不住孩子了,孩子开始逆反顶嘴,用耍小脾气来对抗自己感觉不满的事情。

第三,孩子们的情感发展也正在经历从多变到相对稳定的过渡。比如,之前稍有不顺心,就会发脾气,大喊大叫,或者直接甩脸色。现在,孩子慢慢地学会自我控制情绪,并往自觉、自省的方向发展,控制情绪的能力得到了很大的提升。

小学三年级是孩子们成长的关键时期,良好的习惯和有效的规划可以帮助孩子们更好地适应新环境,提高学习效率和成绩,实现全面发展。我们可以通过以上的方法,帮助孩子养成好习惯和发展逻辑思维能力,为他们未来的成长打下坚实的基础。

【心法一诀】

10岁是成长的一个转折点,是值得纪念的重要里程碑,意味着告别幼时的淘气、顽皮,由儿童走向少年,意味着学会感恩,懂得礼仪,放飞梦想。

王娜,华南师范大学附属光明星河小学语文教师,南山区优秀班主任。

面对青春期孩子的情绪问题,我们该怎么办

【父母心声】

我是一名初二学生的家长,初一的时候孩子回到家里还和我们有说不完的话,会和我们讲在学校碰到的趣事以及学习上的困难,我们的亲子关系也特别融洽,是别人眼中的模范家庭。但到了初二,孩子像突然变了一个人,每天回到家里,招呼也不打,直接把卧室门"嘭"的一声关上,戴着耳机,也不让我和他爸爸进入房间。每到周末,就拿着手机和朋友出去玩,也不跟我们交流。因为初二是学习转折的关键期,但每次与孩子提到学习就像踩到了他的雷区一样,情绪直接爆发,完全没有办法沟通。

孩子总是和老师说,我们天天逼他学习,没有给他空间,不关心他,只关心成绩。我们每次和孩子讲,我们很爱他,希望他未来能够更好,但是他总是不相信,我们说什么都没有用,他现在只听老师的话,我们该怎么办呢?

【现象扫描】

初二是一个心理发展的关键时期。这个阶段的孩子基本进入了青春期,孩子心理、思维、情感上都处在快速发展变化的时期。首先孩子们的情绪极易受外界影响,有可能今天兴高采烈,明天就沮丧低

沉。这个时期的孩子处于自我认知阶段，自认为自己什么都懂，从心里会对父母产生一定的抵触性，开始不大乐意表露自己的心理活动，有心里话也不愿意和父母说。同时，这个阶段的孩子特别要强，自尊心特别强，渴望别人理解，又怕得不到别人的理解，处在一个比较矛盾的状态。

家长不能够理解，为什么孩子在初一的时候那么懂事、那么听话，到了初二就完全变了一个人，对于这种情况，家长很焦虑。因此，家长迫切地想与孩子进行交流，了解孩子的需求，渴望给予孩子帮助，但是孩子的冷漠，甚至有些回避的沟通方式，家长很难接受，进而更大程度地激发亲子矛盾。家长渴望孩子能够敞开心扉，但是很多与孩子沟通的点，都出现在了学习与成绩上，最后导致孩子认为爸妈只是关心成绩，而不是关心自己，更加将内心闭锁。

另外，孩子渴望家长关心他，但是他更渴望家长给予他一定的尊重与自由。不希望家长做什么都与学习、成绩挂钩，不要开口闭口都是成绩、都是学习，其实他们更加渴望父母关注自己的内心成长。

【教师支招】

家庭教育是一切教育之根。亲子关系越融洽，孩子的幸福感越强，家庭教育的价值就越高。处于青春期的孩子，家长的权威性变得越来越低，孩子的个性化越来越严重，在与孩子沟通的时候就要尝试弯下腰，多份理解与包容，关注孩子的内心成长大于关注成绩，倾听大于说教，积极鼓励的作用大于消极抱怨的作用。为了更好地在初二阶段促进亲子关系，我们要调整舵盘，具体做法如下：

1. 多倾听、少说教

当孩子开始关上房门的时候，你就应该明白他的青春期来了，父母就不要试图和孩子进行太多的说教，要多倾听孩子的心声。作为父母要学会管住自己的嘴，努力做孩子的朋友，而不是站在制高点上纠正孩子的错误。

孩子回来的时候有可能抱怨自己的学业重，有可能诉说自己在学校或者与朋友发生不开心的事情，他不一定希望你去帮忙解决，有可能只是想找个人倾诉自己的不愉快，这个时候做好听众，适当的时候给予孩子鼓励，拍下肩膀、摸摸头、一个拥抱等都可以很好地缓解孩子的低落情绪。反之，如果你进行说教，有可能达到相反的效果。爸妈作为成年人考虑事情的方式过于成熟，总会出现"各打五十大板"的说教，孩子的情绪没有得到很好的宣泄，反而有可能在这种情况下，使亲子关系恶化。

2. 多理解、少抱怨

小的时候总会听见妈妈说："我吃过的盐比你吃过的米都多，难道我会害你？""你怎么听不懂话，还不是为了你好！"是啊，爸爸妈妈很习惯将自己的委屈说给孩子听，但是孩子的委屈有多少人知道呢？当父母抱怨因为孩子，自己吃了多少苦的时候，很多孩子都会处在一个不理解的状态，不是他不想理解，是时代的不同、社会背景的不同，他们很难感同身受，很难做到换位思考。

现在孩子们处于一个信息时代，需要家长给予一定的引导、鼓励和理解。另外孩子的学习压力很大，不能以80后、90后的教育标准去要求孩子，要允许孩子犯错，给予孩子一定的空间。父母要多了解新时代的教育，这样就能够换位思考，理解孩子的心理变化。父母也可以多关注一些关于家庭教育的讲座，学习一些新的教育理念。

3. 多期望、少预判

父母对孩子的有效期望，会大幅度提升孩子的自我效能感，可以有效提升孩子自我成长的内驱力。很多父母会拿自己孩子的短板和别人孩子的长处进行对比，这样的对比，会带给孩子强烈的负面情绪，甚至有些父母以自己的经验妄下结论，一看见孩子玩手机，就开始说："你天天玩手机，这次成绩肯定下降""你就知道玩，以后搬砖都没有人要你"……而这种无理的预判，给孩子贴了一个特别不好的标签，长此以往，孩子会默默地认为自己不如别人，同时产生了"我就这样，我就不如他"的自卑心理。

皮格马利翁效应告诉我们，当你给予孩子一些积极的暗示与期待时，孩子也会感受到父母的鼓励与期待，在好的期待中孩子会逐渐向好的方向成长。初二的孩子正处于自我概念模糊的状态，多给予孩子一些合理期待，可以有效地帮助孩子克服青春期的迷茫，比如，这样说："宝贝这么自觉，学习上一定会有所突破""宝贝，你这么勤快，一定可以把自己的房间收拾好。"

【知识拓展】

青春期指儿童阶段与成人阶段的过渡时期，一般女孩子出现在10～18岁之间，男孩子普遍偏晚，年龄在12～20岁。青春期主要分为三个阶段：青春早期、青春中期、青春晚期。而初二的孩子多数处在青春中期，这个阶段的孩子从生理、心理上都会发生改变，包括第二性征的出现和其他性发育、体格发育、认知能力发展、人格发展、思维能力发展……

青春期孩子主要的心理特征：

（1）自我意识高涨。青春期是人类自我意识飞速发展的第二个关键期，孩子开始出现自我意识，开始要求独立、获得尊重、反对权威、追求自由等。

（2）情绪波动大。青春期孩子由于大脑神经功能发育仍不成熟，心理尤其是第二性征的快速发展，造成身体、心理发展不协调，神经功能的兴奋和抑制能力不平衡，导致青春期孩子情感丰富，但不稳定，容易动感情、遇事容易冲动、情感体验深刻又强烈。

（3）容易产生逆反心理。逆反心理是青春期孩子比较突出的心理特点，此时他们希望获得大人的身份、追求独立人格，反抗的主要对象是父母。

【心法一诀】

青春期的孩子，性格发生蜕变，好的亲子关系可以更好地引导孩子朝着好的方向发展。

万明明，深圳市红岭教育集团大鹏华侨中学数学教师，大鹏新区万明明劳模和工匠人才创新工作室主持人。

高中选科后,如何帮助孩子尽快适应

【父母心声】

我的孩子叫王毅明,高一下学期经历了选科分班。他在原班级是学生干部,受到老师的器重,在班级名列前茅,是老师和同学眼中的优等生,也是我们的骄傲。可是自从分班进入物理重点班后,他没有再担任学生干部,新班级的同学们都很优秀,在新班级六科成绩也属于中等偏下,突然而来的落差感让他很消沉。上课没精神,作业不上交,考试不填写答题卡。

他说:"学习没意思,早知道在这个班级是这样,还不如学历史,至少可以在班级排名前列。"分班后第一次考试,他的成绩已经在新班级垫底了,我应该怎么办才能帮助他尽快适应,走上正轨呢?

【现象扫描】

选科分班之后,毅明同学在学习态度上的变化的确会让父母感到焦虑,从老师、同学眼中勤奋努力的好学生、好干部到作业不交、考试不填答题卡的问题同学,表现出了青春期孩子的心理特点,主要有以下几点原因。

(1)青春期孩子的自我意识高涨。青春期的孩子有强烈的自我意识,不服从家庭、学校的管理,追求独立,希望获得尊重,出现逆反心理。毅明同学，自尊心强，自我意识突出，非常有主见，当现实不如意的时候，他选择用自己的方式来抵抗。

（2）青春期的孩子认知能力快速发展。青春期的孩子思维能力比较活跃，记忆力、概括力强，想象力丰富，更容易接受新思想和新事物。毅明同学，在新班级感到失落之后，想到了很多方法进行宣泄，并且为自己的行为找到了"合理"的理由。

（3）青春期的孩子情绪波动大。青春期的孩子正处于心理和身体发育的关键时期，激素水平较高，情绪起伏大，容易冲动。在遇到挫折时，毅明同学用了比较极端的方式来处理。

（4）青春期的孩子两极化明显。有时骄傲自大，有时消极自卑；有时无忧无虑，有时忧心忡忡；有时快乐兴奋，有时悲伤失落；有时对未来充满希望，有时对未来心灰意冷。

青春期是同学们从儿童到成年的转变期，是身体和心理逐渐成熟的关键期，家长和老师要做好引导，才能让孩子们顺利渡过特殊时期，完成人生的蜕变。

【教师支招】

1. 了解分班后的新环境

（1）选科分班是全部同学打散了重组，学习环境换了，需要打破原来的思维定式，适应新班级。父母要了解分班后的新环境、新挑战、新机遇有哪些，引导孩子学会适应新环境，迎接新挑战，寻找新机遇。

（2）面对新同学时，要主动一点，努力记住每位同学的模样。其实，这不需要花费太多的时间和精力，在老师上课点名或提问时，你只需要有意识地记住他们。

（3）班级重组后，必然也会换老师。拿出刚上高中时的状态，熟悉每一个老师，从心里接纳每一个老师。转换思维，适应新老师的教学风格，尽快进入学习状态。

2.引导孩子在新班级应该有新的定位

（1）定位学业目标。选择了相应的学科，就意味着选择了未来专业的大方向，就要设置新的学业目标。排除干扰，将注意力放到学习中来，拿新班级与旧班级对比没有意义，要明白，旧班级已经没有了，不可能再回去了，我们必须往前看，往前走。

（2）定位班级新形象。在新班级，几乎所有同学在老师面前都是崭新的，要以积极的心态重新展示自己、完善自己。金无足赤，人无完人，同学们不断进步的样子才是最美的状态。积极参加班级建设，哪怕是很小的班干部，尽量做一些力所能及的事情，体验作为班级成员的责任感，孩子会因为他的付出而热爱班级。就像《小王子》里说的："就是因为我在你身上花费的时间和精力，才让你成为独一无二的玫瑰。"

（3）定位新友谊。通过社交活动来拓展新的人际关系。要结识新同学，熟悉新舍友，结交几个志同道合的朋友，增进对新班级的亲切感和融入感。

3.引导孩子正确评价自己

（1）正确评价自己的学习环境。新的班级是物理重点班，当然优秀的同学很多，而你作为其中的一员，说明你也很优秀。这是一个很好的环境，是很多人梦寐以求的环境。

（2）正确评价自己的学习能力。毅明同学有良好的学习基础，有过硬的学习能力，把注意力放在学习上是可以有很大进步的，即使在人才济济的重点班，也有机会名列前茅，要对自己有信心。

（3）正确评价自己的工作能力。毅明同学在旧班级可以成为老师的左膀右臂，说明他有很强的组织能力和领导能力。是金子总会发光，要把自己的能力展示出来，只有这样，才能赢得老师的赏识和同学的尊重。所谓"千淘万漉虽辛苦，吹尽狂沙始到金"。

4. 给予孩子充分的理解和充足的时间

（1）看见孩子。家长要表达对孩子目前状态的理解，让孩子的情绪被看见，让孩子的期待被发现。毅明同学本身不是个摆烂的孩子，心气高，自尊心强，希望被关注，喜欢当"领头羊"，一旦没做到，就选择逃避，这也是孩子进取心强的表现。孩子需要家长和老师给予一定的宽容和关怀，让他自己放松下来。

（2）避免说教，注意倾听。家长要与孩子保持良好的沟通，给孩子机会，让孩子表达心情，说出困难。引导孩子说出他的想法，尽量不要评价，更不要批评，让他把情绪抒发出来，对于改善心理状态，会非常有帮助。

（3）确立目标和制订计划。孩子一定也想改善状态，那么应该如何树立正确的目标呢，具体计划又有哪些？家长要帮助孩子厘清思路，确定长期目标和短期目标。围绕目标制订行动计划，可以设立反馈、鼓励、惩罚机制，让孩子看到未来，并逐步走向未来。

（4）给足改正时间。家长要做好心理建设，改善孩子行为不可能一蹴而就，要给予孩子充足的时间。关注孩子的学习状态，可以通过家庭观察、作业情况、成绩动态等，发现孩子的进步，鼓励孩子进取，让孩子知道自己的努力是值得的。

（5）要相信孩子，能够自我反省，及时调整。所有人都是在曲折中进步的，成长本身是一个不断试错、持续调整的过程。长远来看，学习目的是让孩子拓宽自我认知的边界，而不仅仅是考一个好大学，找一份好工作。让孩子对全部的学习负责，体验掌控感和存在感，相信孩子一定会经一事，长一智。

【知识拓展】

在《壹教育》丛书中，关于家长如何指导孩子选科给出了一些建议。

（1）借助多种方法，提升孩子的自我认知。自我认知是选科决策的基础，"尺有所短、寸有所长"，对孩子的学业规划要扬长避短。

（2）倾听和尊重孩子的意见，给予适当的自主权。家长应该了解孩子的兴趣、爱好和潜力，倾听孩子对不同科目的意见和想法，尊重孩子的意愿，并在选择科目时给予适当的自主权。毕竟兴趣是最好的老师，也能最有效地激发学习动力。

（3）学会信息收集，探索更多机会。家长应该学会收集各个科目的全面信息，包括课程内容、考试要求、未来发展方向和就业机会等，使孩子更好地了解每个科目的重要性和意义。

（4）多听学业规划课程或相关的讲座，了解国家战略发展需求。家长通过学习中学的学业规划课程、讲座以及高校的专业宣讲等，了解专业人才培养和未来职业发展的需求，甚至是国家的需求，帮孩子找到适合的职业方向。

（5）寻求专业建议，做出最佳的选科决策。如果需要进一步指导，家长可以咨询学校的教育顾问、老师或专业的学业规划师，他们可以为孩子提供专业的意见和建议，帮助孩子和家长做出最佳的选科决策。

【心法一决】

叶圣陶先生曾说过："教育是农业，而不是工业。"教育，是在一个相当长的时期，给孩子提供充分的合适的条件，引导其健康成长。

赵倩，深圳市第二高级中学物理教师，全国优质课主讲人，广东省精品课获得者。

班里换了新老师,孩子如何快速适应

【父母心声】

我是一名初一学生的家长,我的孩子刚上初中两周左右,反应说初中的老师讲得很快,管得也严,自己跟不上,适应不了初中老师上课的节奏。后来在班主任老师的协助下,我们也了解到孩子在学校几乎不跟同学交流,班主任说同学们反馈课间的时候他基本是一个人在座位上坐着,同学们跟他打招呼,他好像也不怎么回应,渐渐地就没人跟他玩了。不过自小他都不怎么主动跟人交流,小学也很少见他主动约同学玩。我们觉得主要的原因还是他非常在意学习,他曾跟我们说过,他担心自己学不好就会考不好,如果考不好又担心同学们看不起他。一想到同学们可能会看不起他,孩子就很焦虑,严重时甚至会感觉呼吸困难,最近连睡眠也不好了,还产生了不想上学的想法,情绪也很低落。我们开导他说:"尽力就好了,上课能听多少就听多少,不懂的下课再去问老师、问同学,弄懂就好了。"我们也跟老师联系过,老师们反馈其实孩子的基础还是不错的,班上跟他差不多水平的孩子都能跟得上。但孩子经常说不想去学校,经常让我们帮他请假,他说去学校就难受,适应不了。我们不知道怎么做才好?

【现象扫描】

一个孩子是否适应新老师，可以通过以下三个方面来观察：

1. 观察孩子的言行举止

孩子的言行举止一定程度上能反映他内心世界的变化。孩子上初中后，家长可以重点关注孩子言行举止的变化，尤其是学习上的变化，比如，曾经爱学习的孩子，非常尊重老师的孩子，现在抵触学习，经常抱怨老师，那家长就需要注意。

2. 观察孩子学习成绩的变化

成绩是孩子是否适应新环境的一个重要指标。孩子们由于身心发展还不成熟，部分学生会出现因为不喜欢某个老师所以就不喜欢这个老师所教的学科，甚至不学这个学科的情况。如果是这样，那么孩子的学习成绩必然会受影响。

3. 听取老师和同学的反馈

有些孩子不适应新老师，可能会以违纪等学习态度的问题表现出来，比如，上课讲话、不交作业等。对于刚入学的学生家长而言，如果收到老师上述反馈需详细了解情况后再做决定。

4. 如果有异常行为反复出现，需考虑是否有深层次的原因

如果一个孩子反复说不想上学，无故高频次请假，这提醒家长可能有深层次的原因。比如，有的同学经常告诉家长说不喜欢某个老师，觉得某个老师要求特别严格，甚至有的同学投诉某个老师针对他等。有时，这些孩子是在以责怪老师的方式来掩饰自己在学习上的不适，家长需多了解情况，找到真正的原因。

【教师支招】

1. 看见并接纳孩子因不适应新老师带来的情绪

成人的行为更多的是以逻辑思考为基础，但孩子的行为却是以情绪感受为基础。不管孩子因为什么出现了不适应新老师的行为，他们都会产生负面情绪。这些情绪需要被家长和老师看见并接纳，否则会让孩子置身于迷茫痛苦的处境。比如，有的同学因为不适应新老师上课的语速导致上课没听懂。家长一听到没听懂就说："不懂就要问老师，把问题弄明白，不要欠账。"其实，关于怎样去把这些没听懂的问题弄懂，大多数孩子都很清楚，为什么有的孩子就是迈不出去问老师的脚步呢？很大的原因就是这部分孩子卡在了负面情绪里，他们跟家长讲就是想获得家长的理解，这时候家长一句温暖的话或者一个拥抱、一句鼓励就可以化解掉孩子的一部分情绪，增加他们直面困难的勇气。如果家长跳开这一步，直接去解决问题，孩子就会有种不被理解的感觉，或者觉得父母关心学习胜过关心自己，甚至有的孩子认为父母眼里只有学习。

2. 用发展的眼光去看待和解决孩子遇到的问题

孩子的发展也具有延续性和阶段性的特点，后一个阶段的状态一定是建立在前一个阶段的基础上。因此，如果孩子从小就在适应能力这块有欠缺，家长也没有采用有效的养育方法针对性地培育孩子，那么即使孩子的年龄增长了，家长也不要指望孩子到了高学段这些能力突然间就掌握了。有的家长看到上初中的孩子跟陌生人说话还有些胆怯，就会说："都这么大了，就这点出息，有什么好怕的？""别人都敢，为什么就你不敢？"这样的回应其实是不负责任的，同时也会伤害孩子的自尊，让孩子表现出更多的退缩行为。那么，这种情况下，接纳支持孩子是对孩子最有力的支持。家长可以这样说："没关系，每个人有每个人的节奏。相比小时候的你，你已经有很大进步了，你看今天回来都没有哭鼻子，还记得你第一天上幼儿园吗？哭得那叫一个天昏地暗。"讲完这番话，孩子的情绪一般就会松弛下来。这时候家长还需要鼓励孩子。家长可以说："这么多年，妈妈看到你一年比一年进步，恭喜你。我相信这跟你自己的努力是分不开的，你能跟妈妈说说，你是怎么做到的吗？"类似的问题目的是让孩子自己去思考、去总结，更为重要的是让孩子把这些自己做得好的东西内化为经验，经过积累最后成为能力。

3. 有效地引导孩子客观评价老师

其实无论是孩子升学遇到新老师，还是中途换老师，家长自己心理可能也会忐忑，也会有焦虑。缓解焦虑的一个办法就是直面焦虑。如果因为对新老师不了解而产生了各种疑惑，那么家长们可以创造开展家长和老师面对面沟通的机会，在沟通中每位老师可以展示自己的教育理念、管理风格、对上课和作业的要求等。家长们也可以借此机会把心中的困惑跟老师提出来。说的过程的确能缓解家长的压力，但对解决孩子适应新老师的问题毫无价值。当家长对老师有一定的了解之后，才能有效地引导孩子客观地评价老师，引导孩子发现新老师身上的闪光点。

4. 提前进行心理建设帮助孩子提升应对技能

如果孩子的适应能力没有得到较好的发展，那么家长在新学期伊始可以提前对孩子进行一定的心理建设。比如，年龄小的孩子可以进行角色扮演，把想教给孩子的一些方法融入活动，孩子通过演练，掌握一定的应对方法，熟练之后，遇到实际情况时能自然地用出来。比如，可以跟孩子聊聊，你想想开学第一天会发生什么事？你的语文老师可能是什么样的？数学老师、英语老师等，各科老师都可以想想。这些新老师跟你们第一次见面会是什么情景？对于这些新老师，你有什么担忧吗？假如事情没有按照你的预期发展，你打算用什么方法去处理？用这些类似问题提前跟孩子去探讨，一方面可以了解孩子对新老师的想法和情绪状态，另一方面还可以视情况教给孩子一些方法。在这个过程中家长可以适当地跟孩子聊聊自己刚上初一的事、第一天上班等。哪怕就是有不适应的情况发生，家长的这些分享也有助于孩子用平常心去看待问题。低学段的孩子，家长还可以跟他们玩故事续编的游戏，比如，玩以开学为主题进行绘画接力的游戏等。

【知识拓展】

联合国世界卫生组织对健康的定义是："健康不仅仅是身体上没有缺陷和疾病，还要有完整的生理、心理状态和社会适应能力。"社会适应能力是一个人适应社会生活和社会环境的能力，直接关系到人的心理健康。对于学生来说，社会适应包括对新环境的适应，对新老师、新同学、新学习方式的适应。

【心法一诀】

社会适应能力不是"教"出来的，更不是天生就会的，而是要用情感唤起认知，让孩子从小从"愿意""喜欢"到"主动"，再到"适应"。这是一个长期培养的过程，需要家长重视孩子与环境、事物、他人的交往互动，用实际的体验帮助孩子适应新环境、融入新集体。

张晓露，深圳市第二实验学校心理教师，国家二级心理咨询师，家庭教育指导师。

重组家庭：关注孩子内心的角落

【父母心声】

　　我是一个初一孩子的母亲。婚前，我与孩子父亲一见钟情，不顾父母的反对组建家庭。随后，我们一起来到深圳工作。由于条件有限，女儿留在老家由奶奶照顾，只有过年时我们才能与孩子见面。用现在的话说，女儿属于留守儿童。

　　由于性格和感情等原因，在女儿8岁时，我与孩子的爸爸离婚了。孩子仍然在老家上学，我与孩子的见面次数锐减，几乎零沟通。10岁时，女儿的爸爸再婚，就把女儿从老家接到深圳上学。女儿来深圳后的两三年里，与继母生活在一起，发生了一系列惊人的变化。由于生活方式的不同，女儿和继母常在生活小事上产生矛盾。孩子父亲为了生计奔波在外，回家后无暇处理这些琐事，时常对女儿大骂。女儿经常悄悄给乡下的奶奶打电话，哭着说要回老家，可都被奶奶以各种理由拒绝。到了初一，女儿强烈要求去寄宿学校读书，以为离开这个家，问题就会缓解。可是，事情远没有想得那么简单。一个周日晚上，我接到女儿班主任的电话，说女儿没有返校。我马上联系孩子的爸爸，他说孩子在下午5点已经出发。女儿到底去哪里了？手足无措的我正准备报警时，奶奶打电话说，孩子自己坐大巴车已回老家，情绪非常激动，哭着说再也不想回深圳了……

我因为经济等问题仍无法与孩子共同生活，但女儿目前不能适应父亲重组的新家庭，我怎样做才能让孩子回深圳继续学习呢？

【现象扫描】

青春期懵懂的孩子在毫无心理准备的情况下被稀里糊涂地安排与素未谋面的继母一起生活，孩子此时可能会有许多疑问。继母是不是破坏父母关系的"恶毒女人"？为什么我要和继母一起生活？继母会对我好吗？孩子还没从父母离婚的事实中走出来，就马上要进入父亲新组建的家庭，上述疑问会得到进一步强化。家庭结构的变化，成年人都需要时间来慢慢适应，一个小孩子更是如此。倘若父亲没有提前安抚好孩子，没铺垫好孩子与继母的关系，继母也没有很好地接纳继女，再加上双方生活方式、性格特点的不同，爆发家庭内战是意料之中的事。

从目前相处的情况看，孩子和继母频频产生矛盾，归根到底是因为父母离异导致亲子关系疏远、孩子没有适应父亲组建的新家庭而造成的。面对这种情况，我们如何才能缓解孩子对重组家庭的不适应感，重新获得归属和安全感呢？

【教师支招】

对于重组家庭，我们首先要转换观念：在重组家庭里，只要父母都履行了各自的职责，让孩子在重组家庭中感受到父母的关爱，得到尊重，孩子就会慢慢适应新家庭。

1. 转变观念，切换思维

离婚不是一件丑事，不需要在孩子面前藏着掖着，不要害怕自己在孩子心中完美和高大的形象被破坏，要真诚地告诉孩子离婚的原因，这样可以避免孩子的猜疑和忧虑。中国的父母都喜欢"爱你在心口难开"，以为自己所做的一切，孩子都能理解。其实不然，爱需要勇敢和大胆地表达出来。父母可以向孩子吐露心声，重组家庭不是自私的行为，而是生活的选择；真诚告诉孩子，父母不会因为组建新的家庭而忽略对孩子的关爱，要放下心中的芥蒂，接纳现实。

重组家庭的父母，都要无条件地、主动地接受对方的孩子。如果完全依靠孩子单方面来适应重组家庭的人际关系和家庭模式等差异，难度会大大增加。只有父母和孩子双向接纳，双向奔赴，重组家庭才会早日回归温暖与幸福。

2. 真心接纳，走心沟通

孩子抗拒来深圳上学，父母首先要接纳孩子这一看似"不正常"的行为。孩子从小和奶奶一起生活，奶奶不会因为生活习惯不同等小事而责怪孩子，这与继母的相处方式形成巨大反差。因此，继母要真心接纳孩子的情绪，接纳孩子不成熟的行为。

孩子正值青春期，像个"断乳"的孩子，和继母"你争我斗"，最后受伤的还是孩子。父母和孩子的沟通要走心，目的是帮助孩子感受到家庭的温暖和生活的快乐，顺利度过青春期。此时可以和孩子谈谈心，到底是不愿意去深圳上学还是不愿意和继母一起生活。不管孩子的想法是否被采纳，给孩子真正表达自己内心想法的机会。父母永远是孩子的第一任老师，家庭的烙印会伴随孩子一辈子。

3. 看见孩子，包容孩子

孩子需要被看见，尤其是被亲生父母看见。这个看见并不是指眼睛看见，而是一直被关注和关爱，不仅眼中有"人"，更要传递一种有"心"的陪伴。

孩子与父母不仅有看得见的物理距离，更有看不见的心理距离。

孩子现在与父亲同住一个屋檐下，物理距离消失了，但心理距离还存在。想要消除心理距离，就要"看见"孩子。

陪伴是看见的标配。作为亲生母亲，做不到每天陪伴，可以每周约孩子参加亲子活动或参观游玩，从而拉近与孩子的心理距离，一来二去，孩子感受到被关注和陪伴，会逐渐对父母吐露心声。

共情是看见的高配。父母要理解孩子逃学回乡下的行为，理解孩子得不到被关心的感受，理解孩子对新家庭的排斥，从孩子的角度感受当下的困境，做孩子的知心朋友。

以柔克刚是看见的顶配。青春期孩子的大脑发育尚不完全，面对青春期孩子的"攻击"，我们要做的不是硬碰硬，而是以柔克刚，用退一步的智慧引导孩子成长。不要赢了孩子，而要赢得孩子。一味指责孩子不听话和不懂事，并给孩子贴上逃学的标签，这样做只是发泄父母的情绪，无益于解决问题。此时可以写一封信温柔地告诉孩子："爸妈也是第一次为人父母，难免会做错事，身上的责任和担子太多太重，导致对你的关心和关爱不够。所以想要把你留在身边，目的是想看见你，想你接受好的教育，但没想到会令你抗拒。我们很自责，请你原谅。"父母主动认错，加上几句温暖的话语，孩子可能就会放下所有的"抵触"，慢慢走向正常生活状态。

【知识拓展】

在中国，很多家长刻板地认为，重组家庭和离异家庭一定会带来诸多问题，其实真正带来问题的是离异后夫妻双方的贬损、仇恨以及把孩子当筹码等，也就是家庭功能缺失，而并不是家庭结构带来的问题。

【心法一诀】

离婚不离爱，重组不偏爱。离婚结束了夫妻关系，但不要终止亲子关系，对孩子的爱还要延续，不要让孩子成为婚姻关系下唯一的陪葬品；重组家庭，继父或继母要无条件接纳对方的孩子，做到一碗水端平，不偏爱不错爱。

李媛，深圳市龙岗区外国语学校（集团）新亚洲学校小学部英语教师，深圳市龙华区优秀班主任。

02

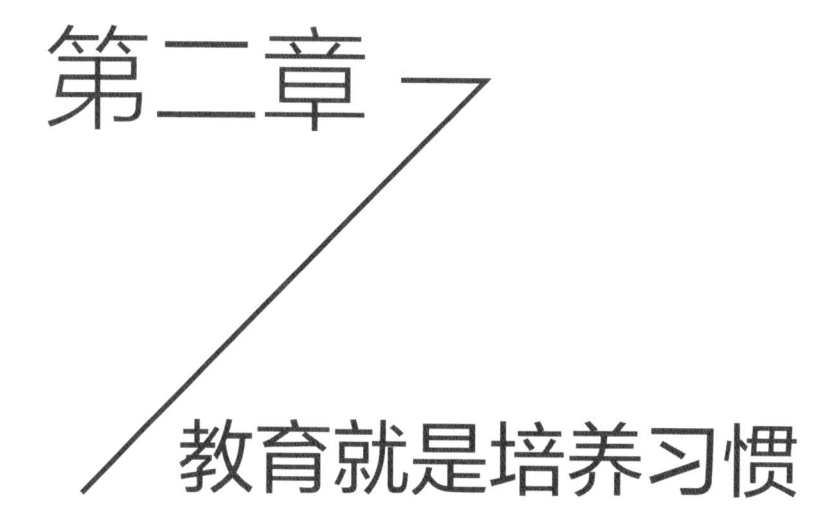

第二章

教育就是培养习惯

爱孩子，就要舍得"用"孩子

【父母心声】

由于农村家庭的条件不好，没有经济来源，小宇在读小学三年级以前，我和孩子爸爸不得已一直在外地务工。直到孩子班主任告诉我"孩子不仅学习成绩差，行为习惯也不好……"听到老师的反馈后，我决定回家，亲自照顾孩子，希望孩子能有所进步。

孩子成绩不理想，在家也从来不做家务，每天就是玩手机、看电视，甚至吃饭、喝水都需要递到手上，简直就是家里的"小皇帝"。究其原因在于孩子的爷爷奶奶从来不让孩子做家务，认为孩子还小，只需要学习，不需要做其他的事情。这使得孩子衣来伸手饭来张口，没有掌握基本的生活技能，也不懂得感恩，认为家长的付出都是理所应当的。

为了矫正孩子的这种不良习惯，我绞尽脑汁，四处"投医问药"，最后在网上看到有的家长为了激励孩子做家务，对家里的各项家务进行"明码标价"，效果很显著。于是我便"依葫芦画瓢"，孩子立马有了很大的改变，一回家就争着抢着做家务，完成后便找我索要奖励。

一时我竟沾沾自喜，觉得通过我的努力，终于让孩子"爱"上了劳动，现实却给了我重重一击。一段时间后，我发现孩子已经"掉钱眼儿里了",做任何事情先讲好价钱,不给钱就不干。为什么我的方法不仅达不到想要的效果,反而让孩子与我的想法背道而驰呢?

【现象扫描】

近几年来,我国青少年的劳动"答卷"一直令人担忧,很多媒体都有当代青少年劳动意识淡薄和劳动能力差现象的相关报道。这使我们不得不忧虑,劳动这种人类生存的最基本素质正遭到削弱与侵蚀。

许多人即使跨入成年人的行列,依然连最基本的生活自理能力都比较欠缺。从多种调研中可以看到,青少年的劳动观念正日趋淡薄,对青少年的教育已陷入一些误区。问题虽出在孩子身上,责任却在家长身上。造成这种现象的主要原因是我们的家庭教育——家长忽视了劳动教育。

遗憾的是,部分已认识到问题的家长利用对家务劳动"明码标价"的方式诱导孩子完成家庭劳动。殊不知采用金钱或者物质的奖赏奖励孩子参加劳动无法让孩子真正意识到劳动的重要性。孩子已经发展出"除非奖赏让我满意,否则我干吗要合作?如果没有特别的回报,我才不贡献"的观念。一个错误的价值观就是这样树立起来的,孩子认为劳动就要得到报酬,如果得不到好处,孩子会拒绝参与和合作。然而,他们拒绝的事情,本就是他们自己应该承担的责任。

因此,加强青少年的劳动教育,让他们承担自己应有的责任,树立正确的三观,是非常重要的事情。

【教师支招】

培养孩子爱劳动,尊重劳动果实,树立正确的价值观是家庭教育中很重要的部分。作为孩子的第一监护人,父母可以参考以下方法进行引导。

1. 让劳动种子生根发芽

家长需要先转变思想，才能引导孩子爱上家务劳动。

一部分家长不愿意让孩子主动参与劳动。最主要的原因是家长"心疼"孩子，认为孩子读书已经够累了，再让孩子从事家庭劳动，于心不忍。因此，一些家长在衣食住行等日常生活中尽量减少给孩子劳动实践机会，也不鼓励孩子自觉参与，不太注重让孩子掌握必要的家务劳动技能。

也有一部分家长发现孩子不爱劳动后，努力想转变现状，于是利用金钱、物质等奖励来诱导孩子分担家务，殊不知这种方法短时间看似有效，实则是"饮鸩止渴"。孩子会慢慢地养成金钱至上的意识，导致家庭关系变得相当冷漠，孩子也没有责任心。

还有的家长有意无意地把不良的劳动观念甚至劳动偏见"传递"孩子。比如，在教育孩子要努力学习的同时，把人类劳动分为高低不同的等级，从而主观上形成了对诸多劳动角色的偏见，以从事所谓的"低级劳动"作为孩子不努力学习的预期后果，去督促孩子用功学习，甚至，不仅把劳动区分为高低贵贱的不同等级，还把劳动当作惩罚看待。

2. 让劳动幼苗向阳而生

家长要引导孩子感受劳动的快乐和体贴、分担父母的辛劳，要让孩子知道，学会做家务是一种基本的家庭责任。同时，与孩子交流时多谈一些金钱以外的人生体验，让孩子明白，他是家庭或社会的一员，在家里或在社会上都有一份责任，需要尽义务。做家务和学习、爱父母是同等重要的，这是人生必备的东西。

有的家长把家务劳动和金钱画上等号，这种方式是简单又随意的，完全用利益去驱动孩子的行为，这种方式是不可取的。

当然，父母可以给予孩子奖励，但最好把物质奖励转化为精神奖励，比如，带孩子去看电影、买本好书、陪孩子参观博物馆，或者和孩子一起玩游戏、讲故事等，这些都是比单纯的物质奖励、金钱补偿更有价值的方式。

3. 让劳动之树枝繁叶茂

多样化的劳动体验，培养全面发展的技能；趣味性的劳动模式，激发孩子的内驱动力。

家庭劳动教育的内容比较宽泛，不仅只有简单的扫地、洗碗、做饭、倒垃圾等，还有种植、采摘、废物利用等。

家长可以带着孩子一起体验地方特色的劳动，在提高劳动技能的同时还能让孩子增加对家乡的了解，更加热爱家乡。例如，湖北秭归的家庭：带孩子去采摘茶叶，了解制作九畹丝绵茶的工艺，感受非物质文化遗产的魅力；走进脐橙果园，在田间劳作，给橙子树施肥、疏花、修枝。让孩子在太阳下汗流浃背，真正体会到劳动的辛苦，不仅磨炼孩子的意志，还能观察果树四季的变化，体会丰收的喜悦。

4. 让劳动之花绚丽绽放

劳动教育的升维不仅指向过去与现在，更影响着未来。升华劳动的内在意义，体会劳作所创造的价值，由被动转变为主动，从"要我做"到"我要做"。家长需要引导孩子追求精神收获，在汗水中涵养品格，在探索中增进智慧，在锻炼中强健体魄，在活动中学会鉴赏，不断积攒人生的宝贵财富。

劳动教育成果的体现并不是一蹴而就的，而是在劳动中通过可视化的过程逐渐显现出来的，具有发展性、连续性、终身性的特点。家长应在注重学习结果的同时，注重孩子参与劳动教育的过程，当孩子完成了从外在到内在的绽放过程，才能感受到劳动带来的幸福！

【知识拓展】

哈佛大学学者曾经做过一项调查研究：爱干家务的孩子和不爱干家务的孩子，成年之后的就业率为15∶1，犯罪率是1∶10。爱干家务的孩子，离婚率低，心理疾病的患病率也低。另有专家指出，在孩子的成长过程中，家务劳动与孩子的动作技能、认知能力的发展以及责任感的培养有着密不可分的关系。

总书记在全国教育大会上提出，要培养德智体美劳全面发展的社会主义建设者和接班人。家庭教育更要注重培养孩子的劳动素养，主要以劳动观念、劳动能力、劳动习惯和品质、劳动精神四方面为主。

美好生活靠劳动创造，美好人生也靠劳动创造。借助深化劳动教育的契机，做到以劳树德、以劳增智、以劳强体、以劳育美，孩子才能在一个充满劳动教育的家庭中幸福生活，在家庭劳动实践中健康成长。

【心法一诀】

家长爱孩子就要舍得"用"孩子。

家务是生活的一部分，培养做家务的能力是孩子必备的"生活能力"之一。教孩子参与家务不是为了让他们尝苦头，而是为了让他们在劳动中获得自信，从劳动中学会感恩和珍惜。

谭甜甜，湖北省宜昌市秭归县梅家河乡希望小学语文教师，获湖北省教师信息素养大赛二等奖。

如何帮助孩子热爱劳动

【父母心声】

我是一名小学五年级学生的家长,我儿子叫王梓宸。我和爱人是独生子女,儿子也是独生子女,"四二一"的家庭结构模式让儿子一出生便成为了整个家庭的中心,全家人都围绕着他转,尤其是四个老人对孩子更是宠爱有加,事事包办,孩子从小养成了"衣来伸手、饭来张口"的习惯。孩子上幼儿园后,我和爱人尝试培养孩子的独立自主能力,让孩子学习穿衣、穿鞋等简单的生活技能,可是老人们以孩子还小为由,继续包办。

我和爱人商量后,决定带孩子住到一起,不再与老人共同居住。本想从生活起居等方面着手培养孩子的劳动习惯,谁知孩子却总是以各种借口逃避力所能及的家务劳动,甚至连整理书包都要他妈妈代劳,不帮他整理就经常会落作业在家,再从学校打电话让我们送过去……现在,由于我经常批评儿子,我们的父子关系日益紧张,我感觉有心无力。现在孩子除了偶尔完成学校布置的劳动实践作业,作秀式"打卡"外,平时几乎不参与劳动。我非常担心儿子不爱劳动,将来工作和生活都成问题。那么应该如何在家庭中培养孩子的劳动习惯,让他成长为德智体美劳全面发展的新时代好少年呢?

【现象扫描】

梓宸同学的情况在不少家庭中都有出现。不少父母都会苦恼于孩子的"懒惰",每逢遇到劳动实践作业,都是用尽"花样"摆拍完成学校布置的任务。像梓宸这样的同学从小习惯了"衣来伸手饭来张口"的生活,事事有依赖心理。孩子从缺少机会参与劳动到漠视劳动,以各种借口逃避劳动,原因有以下几点。

1. 劳动教育不受重视,自理能力下降

一些小学生在家里娇生惯养,家长也认为只要能应对文化课考试即可,而且担心孩子参加劳动容易发生安全事故,这就导致小学生缺少劳动教育,缺少自理能力。

2. 缺乏正确的劳动观念,缺少真实的劳动实践

家庭教育方式有误、缺乏正确的劳动观念、家人的溺爱等原因让学生的劳动权力被剥夺。很多小学生没有进行过统一的劳动实践,感知不到劳动的辛苦,不懂得尊重和珍惜他人的劳动成果。

3. 劳动教育浮于形式,缺乏系统性指导

现在不少学校也开展了形式多样的劳动教育,除了开设劳动课,还会组织学生参加各种劳动实践活动,丰富学生的劳动体验。事实证明,由于没有专业的劳动教育教师,班主任或其他学科的文化课教师因为本身教育教学工作繁忙,不能很好地开展劳动教育,无法将劳动教育的价值落到实处。

【教师支招】

如何让孩子真正爱上劳动?

1. 基于校园活动，形成劳动意识

"四二一"家庭教育模式下，小学生在劳动这一块的教育大多是缺失的。校内劳动活动基本是打扫校园和教室等地的卫生，综合到每班的人数来说所收获的劳动教育和感受还是过于单薄，所以在校园中应该有效利用校园劳动实践活动，帮助学生树立劳动意识，助力学生全面发展。比如，孩子在现代城市中很难有一片土地去劳作，学校可以组织学生参加劳动实践基地等活动，使孩子感受到劳动的责任和意义，通过自己的劳作，最终收获成果。

孩子在参加各种各样劳动教育活动的同时，能将品德优秀、全面发展、有良好劳动习惯的学生作为学习榜样，使学生感受到劳动的荣誉感，通过向"劳动之星"学习这样的榜样教育促进学生拥有积极向上的学习态度和劳动态度，并且收获通过劳动荣誉感受劳动带来的快乐。

2. 加强社会实践，感知劳动内涵

鉴于家庭和学校适合孩子劳动教育的内容相对较少，因此可以充分利用社会资源和实践对孩子进行劳动教育，综合性社会实践活动更能以其随机发生的问题锻炼孩子各方面的能力，以此促进孩子更加全面地发展，学会综合运用所学知识进行解决问题，树立孩子的自信心。

例如，周末组织校园亲子活动，学生可带上小铲子和水桶走入公园进行植树活动。家长先演示植树的步骤，之后由孩子自己操作。如果孩子对坑的挖掘有些难度，家长、教师可以协助孩子进行。种植结束之后可以进行树木知识的讲解，例如，种树的好处有很多，可产生氧气、保护环境、减低噪声等，还可以带领孩子进行"护林"工作，请护林工作人员带领孩子发现更多关于森林对于自然的好处，再进行"护林小游戏"等活动，通过户外劳动让孩子感受到通过劳动可以美

化环境，感受劳动的内涵，体味劳动的重要性。

3. 家校合作共育，提升劳动能力

家庭教育作为人一生的起点教育，家长担任的教育角色非常重要，因此家长应更加重视劳动带给孩子的影响，转变劳动教育思想，充分配合学校进行孩子的劳动教育，进而提高孩子的劳动能力以及综合能力，培养孩子吃苦耐劳的优秀品质。

比如，学校开展"劳动我光荣"教育活动后，家长应通过老师了解孩子在学校的劳动教育内容，例如，孩子在学校整理桌椅、擦黑板、倒垃圾等，在家中可以以此作为延伸，进行家庭大扫除，使孩子参与家庭劳动教育中去，充分利用在学校所受的教育，对父母分配给自己的劳动任务进行合理划分：①先行整理自己不需要的物品，可以将捐给红十字会等的物品整理出来；②将自己的物品进行分区摆放，文具和书籍摆放在书架旁；③衣物收纳整理由家长指导，自己进行整理、叠被子等；④自己房间整理好之后，保持由上到下、由桌面到地面的打扫顺序，协助家长将家中其他角落打扫干净，做自己力所能及的家务。

孩子参与家务劳动，不仅能帮助父母承担部分家庭责任，还可以为未来家庭的和谐氛围提供良好的基础，促进孩子健康成长。孩子在家中和学校的行为更统一，更有效促进孩子养成爱劳动的习惯，提高劳动的能力，从而提高做事情的条理性，促进孩子全面发展。

4. 引入劳模事迹，弘扬劳动精神

劳动是每个社会成员应尽的义务。作为新时代成员，更应以劳动为荣，家长平时可以给孩子介绍中国十大劳动模范的事迹，走近时代劳模，通过他们的感人事迹，让孩子意识到中国之所以强大是因为有这些默默付出的人在建设祖国，从而激发自己作为中国人的自豪感，

真正感受劳动精神的魅力。

5. 组织公益活动，推进养成教育

公益活动也有着很好的教育意义，不仅可以提高孩子的劳动意识，还可以促进孩子的全面发展，培养良好的生活习惯、劳动习惯。家长可以利用慰问孤寡老人和养老院等公益活动，锻炼孩子在劳动方面的实践能力，促进孩子全面发展，推进孩子的养成教育。

比如，重阳节来临之际，家长可以提前让孩子了解尊老的传统美德，并且可以设置话题让孩子思考，到了养老院或孤寡老人家里，自己都可以干什么？通过慰问养老院的公益活动，不仅使孩子感受我们的传统美德，还能通过劳动使孩子得到体力和德育方面的成长，以此促进学生深化劳动实践的意义。

【知识拓展】

我国自古以来就有培养儿童日常劳动能力的优良传统，将家庭作为儿童劳动教育的第一场所。"洒扫、应对、进退"作为古代家庭教育的一贯传统。以"洒扫"为代表的日常劳动，就是父母与孩子间的双向互动与合作，可以教会他们立身处世、待人接物的伦理关系和道德规范。

魏晋南北朝时期，颜之推的《颜氏家训》开创了后世"家训体"的先河，在治家篇中教育子孙"生民之本，要当稼穑而食，桑麻以衣"，告诫子孙生存之根本在于自食其力，以种植庄稼的方式来吃饭，以栽种桑麻的方式来穿衣。南宋理学家朱熹认为儿童启蒙之学需要从日常生活的一点一滴做起，在《童蒙须知》中提出儿童教育的主要内容"始于衣服冠履，次及言语步趋，次及洒扫涓洁，次及读书写文字，及有杂细事宜"。

清朝曾国藩所著《曾国藩家训》被誉为"千古第一家训",其治家之道强调"书蔬鱼猪,早扫考宝"八字诀,"家中种蔬一事,千万不可忽"“子侄除读书外,教之扫屋、抹桌凳、收粪、锄草,是极好之事,切不可以为有损架子而不为也"等无一不体现着对儿童清洁与卫生、整理与收纳等日常生活劳动习惯养成的重视。

【心法一诀】

高尔基说:"在重视劳动和尊重劳动者的基础上,我们有可能来创造自己的新的道德。劳动和科学是世界上最伟大的两种力量。"

徐守娟,江苏省如东县实验小学语文教师,南通市德育工作带头人。

培养孩子良好的学习习惯

【父母心声】

我女儿叫张晴雅,读小学六年级了。我们非常关心孩子的发展,我们在幼儿园阶段经常教孩子怎么使用玩具,孩子上小学开始参加课外班,比如,写字、绘画、舞蹈、演讲等,周末安排得满满当当。因为我们生怕孩子输在起跑线上,所以平时很少让孩子出去玩耍,就算去玩耍也有时间限制。为了保持学习效率,要求孩子少做甚至不做与学习无关的事情。我们有时会与孩子谈好条件,做完作业才能看电视,但必须在晚上9点前完成作业,10点前必须睡觉。孩子比较聪慧,学习还算好,小学中低年级成绩优异。孩子挺喜欢阅读,但有时孩子写作业时还看课外书,这让我有些烦恼,我们多次提醒才去做作业。

以前,我们觉得她学习还好,认为小孩子都有分神的时候,也就没有引起重视。但随着课程难度加大,孩子在学习上逐渐跟不上节奏,学得越来越吃力,我们的辅导效果也在降低。我们也在反思自己带娃的方法,发现在监督孩子写作业的过程中我们自己也是在玩手机或做着其他事情,没有做好示范,孩子自主学习的习惯没有很好养成。对孩子过多的"关爱",帮助孩子整理学习用品,好让孩子上学不会遗漏学习用品,难道我们做得真的是太多了吗?

【现象扫描】

良好的学习习惯是人一生学习和生活最重要的基础，父母如果没有培养好孩子的学习习惯，会给学习带来诸多问题，其原因可能有以下几点。

第一，要求过高，急于求成。父母重视孩子的学习成绩是必要的，但不可期望过高，急于求成。比如，很多家长从小就给孩子报名参加兴趣班，周末都安排得满满当当，让孩子不输在起跑线上，但孩子游戏和玩耍的时间被剥夺了。

第二，重智轻德，忽视全面发展。部分家长重视智育，重视学习成绩，轻视德育和品质的培养，让孩子产生"自己的学习最重要"的错误认知。

第三，观念偏颇，教养方式失误。一些家长不能以身作则，不注重创造良好的家庭学习氛围，家长回家刷手机不看书，却要求孩子专心学习，忽略了"身教重于言教"的道理。孩子的学习习惯，跟家长对孩子的早期教育联系密切。比如，孩子在幼儿早期玩玩具，此时需要专心且不被打扰，很多家长做不到。对孩子过于溺爱，对孩子学习用品的准备大包大揽，导致孩子缺乏学习自主规划的意识。

第四，权威式管理方式，欠缺尊重与关爱。家长采取权威命令式管理孩子的学习，让孩子产生厌倦、抵抗的情绪，比如，"做完作业才能看电视""必须在9点前完成作业"等。这在孩子幼儿和小学中低阶段或许能起到较好作用，但是高年级阶段基本不再适用。没有真正的尊重与关爱，对孩子学习习惯的培养也会大受影响。

【教师支招】

家长应该如何培养孩子良好的学习习惯呢？

1. 打造一个前提——注重培养学习兴趣

学习兴趣指一个人对学习的一种积极的认识倾向与情绪状态，是调动孩子积极思维、探求知识的内在动力。孩子兴趣产生在幼儿阶段，但在不同的年龄段，由于家庭环境、个人经历等不同，孩子的兴趣存在差异性。从孩子的表现和发展，我们可以看到孩子身上的天赋优势。孩子天生具有好奇、好问、好动的特点，家长要顺应孩子的特点，引导孩子发展兴趣。比如，天上的星星为什么不会掉下来？秋天为什么有的树叶变红了？不同颜色的颜料混合为何产生新颜色？如果家长对此采取敷衍的态度，不认真回答孩子的提问，会挫伤孩子求知的积极性。父母不能只关注孩子的学习成绩，还可以关心孩子最喜欢和最不喜欢的科目、孩子的课堂参与、作业情况等，让兴趣成为孩子学习的动力。

2. 遵循一个规律——科学培养学习习惯

学习规律是指学习活动和学习过程各要素、各阶段之间的本质联系及发展趋势。

首先，注意运用遗忘规律。根据艾宾浩斯遗忘曲线，遗忘的发展趋向是"先快后慢"。遗忘是在学习之后很快就发生的，要想防止和减少遗忘，就必须尽早复习，比如，当天复习、第三天复习等。

其次，注意循序渐进学习的规律。任何知识的学习都是从基础开始，逐渐深化和拓展的，遵循由易到难、由少到多的学习过程，按照知识间的逻辑进行学习，才能符合学习规律和思维发展规律。

再次，注意运用学思结合规律。信息加工理论认为，人的学习是大脑提取、加工、整理信息的过程。知识被学习后，还需要内化理解，才能获得知识升华，形成自己的知识体系。一边学习，一边思考，学思结合才能促进知识的内化和转化，才能提高孩子的学习效率。

最后，要考虑到不同年龄段孩子的学习规律有差异。幼儿和小学阶段的孩子，处于直接思维、形象思维为主的阶段，对世界的认识是感性的、具体的、形象的，他们的学习要使用图片、视频、动作等比较形象的材料辅助学习。

3. 营造一个环境——形成良好的家庭学习氛围

家长应给孩子创造良好的学习环境，建设学习型家庭，形成良好的家庭学习氛围。其一，建设孩子的学习小天地。根据孩子的身高提供适合学习用的桌椅，布置好家庭书房或学习区，固定学习时间，配备适宜文具和图书，让孩子不看电视、不吃东西，专注学习，没有外界干扰，专心完成作业，培养专注力和持续学习的能力。其二，营造良好的家庭学习氛围。孩子能否健康成长与家庭文化氛围及家庭成员的生活与行为习惯密切相关。孩子的模仿能力很强，所以家长要注意经常引导孩子，给孩子提供良好的学习榜样。家长自身在言谈举止、待人接物、意志品质、生活作风上成为孩子模仿的榜样，重视身教和言教的有机结合，孩子在潜移默化中才能逐渐形成良好的学习习惯。

4. 构建一个路径——掌握科学的学习方法

在学习过程中，掌握科学的学习方法，越来越受到家长们的重视。当今时代，孩子不仅需要勤学，更需要会学、巧学。学习要有明确的目标，注重培养孩子的学习习惯。家长培养孩子的预习习惯，在每次完成作业后，让孩子预习第二天的学习任务。家长帮助孩子养成专心听课的习惯，孩子专心地听，听懂要求，厘清思路，再仔细思考并回答问题。家长也要热爱阅读，并参与亲子阅读，推动孩子阅读习惯的养成。

【知识拓展】

首先，必须向孩子讲明养成良好学习习惯的重要性，指出要养成良好学习习惯，必须克服哪些毛病，让孩子心中有数，做起来能联系实际落到实处。

其次，要根据孩子的实际情况，逐步提出要求。良好的学习习惯不能一朝一夕养成，要从孩子的实际出发，逐步提出具体可行的要求。

再次，要指导具体的学习方法。例如，为了培养孩子阅读现代文的好习惯，把比较科学的读书步骤编成"看、查、划、读、摘、想、记"的七字诀，要孩子熟记并照着去做，然后及时督促、检查，逐渐使孩子形成良好的读书习惯。同时，利用孩子模仿、易受感染的心理机制来潜移默化地影响孩子，比如，父母说话很文雅，孩子说话的声音自然会轻柔。

最后，多次反复实践与外部强化相结合。形成良好学习习惯是一个渐进的过程，家长或老师表扬与批评、肯定与否定、奖励与处罚等，都是外部强化的手段。适当的外部强化对良好学习习惯的养成具有重要作用。

【心法一诀】

叶圣陶先生说过"好习惯养成了，一辈子受用。坏习惯养成了，一辈子吃它的亏，想改也不容易"。

周文婵，深圳科学高中道德与法治教师，获深圳市青年教师基本功大赛二等奖。

如何培养孩子的阅读兴趣

【父母心声】

我是一名小学生家长，我女儿叫陈怡。由于我的工作比较忙，没有过多的时间去管教孩子的学习，在语文阅读方面可能忽略了孩子在学业上的心理压力和学业负担，每天放学回家孩子首要事情就是"写作业"。但是，有一天突然接到语文老师的来电，老师反映孩子在课堂上的精神状态不是很好，情绪比较浮躁，学习、阅读存在各种拖拉、懒散、玩电子产品的毛病，从语文老师的电话里面，我认识到语文阅读能力的重要性。面对孩子，我尝试与孩子进行沟通与鼓励，并降低对她的学业要求，但她的一句话"别的同学都在玩耍"激起了我的怒火，为什么强调了这么多次还是没有用？怎样才能培养孩子的阅读习惯？

【现象扫描】

当前，越来越多的家庭开始重视孩子的阅读力培养，然而，在实际操作中，家长们仍存在一些误区和不足之处。有的家长过于注重孩子的阅读数量，忽视了阅读质量；有的家长在选择阅读材料时缺乏针对性，未能根据孩子的年龄和兴趣选择合适的书籍；还有一些家长未能营造良好的阅读氛围，未能成为孩子阅读的榜样。

从家长角度看。其一，家长缺乏关注孩子成长的需求，在童年时期得不到家长陪伴与关注的孩子只能寻求其他寄托与安慰，比如，网络就是个"不错的选择"。其二，家长解决手机问题缺乏循序渐进的过程。直接粗暴地切断网络只会导致矛盾进一步激化，足够的尊重和理解才能减少孩子的"逆反"，否则亲子关系只会降到冰点。

从孩子角度看。其一，自制力欠缺。因为小学生的心理以及年龄等特点，使小学生缺少必要的自制力，加之孩子个体爱好的不同，导致学校不能完全满足每个孩子的需要，进而使孩子不愿意参与阅读，从而反对父母的意见。其二，方式单一。现阶段的小学阅读教学都是教师以提问的方式来指导学生阅读，长时间会使学生产生一定的厌烦或恐惧心理，进而对阅读失去兴趣。

【教师支招】

小学阶段的孩子缺乏较强的自制力，很难拒绝外界的引诱，我们要正确引导孩子进行有效的阅读，引导孩子放下电子产品，走进纸质阅读，从而让孩子真正感受阅读带来的快乐。

1. 用"心"真诚接纳孩子

尊重、包容、沟通与理解，这是很多家长都知道做的，然而在现实生活中能够做到的却寥寥无几。作为家长，我们要认识到孩子贪玩、沉迷手机、电视而不去阅读时，训斥、打骂起不到作用，只能与孩子沟通。"每个孩子贪玩背后，都藏着孩子心理从未满足的需求"，贪玩、情绪不稳定、疏懒都是孩子排斥阅读，去寻找精神慰藉。案例中的陈怡最主要的原因是家长忙碌，忽略了孩子的阅读，导致孩子拖拉、懒散的习惯，而且面对学习多方的压力，孩子只能通过玩耍来释放，这时家长应该多与学校、老师进行交流，了解孩子在校的学习生活，解决孩子在学习上的困惑，从而真正尊重孩子、理解孩子。

2. 耐心引导孩子的"阅读之路"

在双减政策的背景下，学生的时间越来越多，自制力较差的学生，对电子产品的依赖也会增强，最直接的"不良影响"就是对学习和阅读提不起"兴趣"。作为家长，此时最重要的就是耐心引导孩子通过阅读获得成就感。案例中陈怡热爱阅读，却一直未真正找到阅读的方法，孩子的阅读兴趣就会逐渐淡化。为了让孩子在阅读中找到乐趣，我们首先需要通过观察和沟通，了解他们喜欢阅读哪些类型的书籍，以及他们希望从阅读中获得什么样的知识和启发。比如，有的孩子对冒险故事感兴趣，有的孩子则更喜欢科幻题材的作品。家长可以继续挖掘孩子的阅读兴趣，甚至花一些时间陪孩子阅读，让孩子保持兴趣。也可以培养孩子新的兴趣与爱好，比如，乐器、书法等，帮助孩子通过正确的方法缓解压力，在活动中促进孩子的体验与成长，正确引导孩子自我制定阅读计划。

3. 成为孩子的榜样

家长往往会忽略自己的行为举止给孩子带来的潜移默化的影响。比如，当你在训斥孩子整天玩耍时，自己却在没日没夜地工作，没有陪伴孩子的成长，当你要制止孩子玩耍时，自己却瘫在沙发里刷着放松的视频……再怎么训斥孩子去做作业、去学习、去阅读也不会有良好效果。家长在孩子面前一定要对自己严格要求，至少做到吃饭、睡觉以及孩子学习阅读时段不玩手机，每天至少抽出1~2小时陪在孩子身边，一个良好的阅读环境对于孩子的阅读体验至关重要。我们可以为孩子打造一个宁静、整洁、舒适的阅读空间，并摆放适合他们年龄层次的图书。同时，我们还可以根据孩子的喜好，为他们添置一些阅读相关的用品和装饰品，以激发他们的阅读兴趣和积极性。

【知识拓展】

孩子们总是对"阅读"的世界充满好奇心，千方百计通过各种渠道去探索阅读的奥秘，这就是心理学中的"好奇效应"。我们要为孩子的阅读之路打下坚实的基础，首先要选择适合他们年龄和兴趣爱好的图书，如寓言故事、科普读物等，以激发他们的阅读欲望。其次，创设良好的阅读环境，如，安静的阅读角、舒适的阅读椅等，让孩子在一个愉快的氛围中享受阅读。此外，开展丰富多样的阅读活动，如读书分享会、角色扮演等，满足孩子内心多样化的需求，运用恰当的方式，慢慢引导学生，让孩子在阅读道路上学会自控，让孩子感受到阅读的乐趣。

【心法一决】

阅读是孩子学习的重要部分，培养孩子的阅读兴趣，不但可以提高孩子对语文知识的掌握水平，加强情感体验，还能有效地为以后的学习和发展打下良好的基础。

唐龙，四川省平昌县思源实验学校小学语文教师，平昌县"骨干教师"和"优秀教师"。

帮助孩子告别拖延症

【父母心声】

梓豪从小就是个慢性子，做任何事情都是不紧不慢的。小学阶段做事就比较拖拉，每次都要催好几遍，才磨磨蹭蹭去做。上了初中这种情况更加严重，除了日常生活外，学习上也养成了这种拖延的坏习惯。

暑假回家，每天早上他总是睡到九点还不起床，叫几次都没回应，直到家人"河东狮吼"才不情不愿地起来，眯着眼睛磨磨蹭蹭穿衣服。吃饭也总是催促好几遍，端着碗边吃边看手机，一顿饭能吃一两个小时。晚上看电视、玩手机到深夜，我们提醒他该睡觉了，他也总是敷衍着，继续玩自己的。

假期作业总是一拖再拖，一直到返校前几天才不情愿地完成。写作业时一会要喝水，一会要上厕所，好不容易安静地坐在书桌前，也是"身在曹营心在汉"，写几个字就要东张西望或者发会儿呆，在规定的时间内根本完不成作业任务。

好不容易放假回来几天，本想"母慈子孝"做个温柔的妈妈，但他做事情总是慢吞吞的，像个"小蜗牛"，需要我催促好多遍。看到孩子拖拖拉拉，我很是着急，真的不知道怎样才能帮助孩子甩掉拖拉的坏习惯。

【现象扫描】

现代生活节奏越来越快，孩子却越来越磨蹭，这似乎是很多家长都为之苦恼的事情。所有家长在面对孩子拖拉磨蹭的问题，都没有什么好方法，只能各种"花式催促"。父母们催促、发脾气也总是于事无补，甚至还有可能给孩子的心理发展带来一定的负面影响。

孩子虽小，但也有自己的思想，特别是步入青春期的孩子，面临父母的催促，大多以沉默不语、拖延等方式来表达不满，这在心理学上被称为"被动攻击"。

孩子为什么会有拖延症？

（1）孩子的技能或者知识储备不足，家长又没有了解清楚，而是一味严格地要求他"既快又好"，有时候不是孩子不想快而是快不起来。

（2）孩子不会合理规划自己的时间。孩子不知道自己完成某件事或者完成某项作业到底需要多长的时间，又如何能够合理地分配起床、吃饭、写作业的时间呢？

（3）孩子自身的气质类型。比如，困难型和慢热型的孩子气质类型是不活跃的，所以天生就比较慢，对这类孩子就要降低一些要求。

（4）父母的原因。比如，孩子所有事情都被包办，剥夺了孩子锻炼的机会，让孩子有了依赖性；也有一些家长自身就是拖延症患者，孩子在不知不觉中也会模仿他的言行举止，自然也会变慢；还有一些家长做事雷厉风行，孩子做事没有达到家长的期望值，家长就会不停地催促，反而会催生孩子的逆反心理，故意作对，越来越慢。

【教师支招】

拖延是很多孩子都存在的小毛病，家长除了暴跳如雷般地催促，还可以这么做：

1. 改变沟通方式

经过和家长的沟通，我发现很多家长喜欢给孩子"贴标签"。居家学习期间，只要没按时交作业，家长就会不耐烦地说："你这拖延的毛病能不能改改？"孩子偶尔书写不工整，家长会说："你的学习态度有问题，字迹这么潦草，怎么就不能一笔一画地写呢？"很多家长在不知不觉中把孩子偶尔的失误不断放大，很多原本主动学习的孩子，在错误的评价中变成了拖拖拉拉、书写潦草的孩子。

孩子对自己最初的了解往往来自父母、教师。如果父母认为他们能力低下、拖拉，他们也会从这面镜子中看到自己令人沮丧的形象，从而认为自己就是这样。相反，如果孩子发现父母或者教师认为他们有能力，信任他们，鼓励他们，那么他们也认为自己是有能力的，就有动力做得更好。

所以，要想改变孩子的不良行为，家长和教师首先要转变观念，要对孩子充满信心，并且改变说话方式，尽量通过描述事实而不是评判的方式引导孩子的言行。我给梓豪妈妈提了一些建议，比如，当梓豪没有按时提交作业时，妈妈可以说："你觉得应该怎么做才能按时提交作业？"当在小测试中漏题了，妈妈可以说："你觉得漏题的原因是什么？你打算如何改正？"通过这样的对话可以引导孩子正视自己的行为，寻找原因，并自己想出解决办法。后来梓豪妈妈反馈，她改变说话方式之后，孩子的态度果然有所改变。

2. 将决定权还给孩子

一个家庭中，如果父母控制欲过强，孩子会想：什么事情你都安排好了，那我的价值和意义是什么？那我就只听你们的，其他什么也不管了。要想一个孩子具有行动力，就必须让他有决定权，在处理各项事情的时候获得控制感、成就感，从而认识自己的价值。将决定权还给孩子的方法是：家长讲话时用"提问题"代替"一刀切"，用"你想怎么做""你有什么想法呢"或者"你觉得呢"这样简单的问题，替代"你必须""你应该"或者"你要听我的"。如此，孩子拥有了自主权和控制力，就会生发自我成长的内在动力。

3. 有效的亲子陪伴

孩子在学习时，有的家长在一旁玩手机或者看电视，看到孩子完成的速度慢，或者不认真，就会很生气地质问孩子。还有的家长一直坐在孩子身边盯着，写错一个字、发会儿呆，家长就会马上呵斥。这些都是不可取的。家长要有"牵着蜗牛散步"的心态，和孩子一起感受生活的美好，找到和孩子共舞的人生乐趣。很多时候，有效的陪伴往往能起到意想不到的教育效果。

4. 合理规划时间

孩子做事拖拉，也是缺乏时间管理能力的一种表现。如果孩子能明确自己在什么时间内干什么事情，或者完成一件事情预计需要多久，拖拉的习惯也就会有所改善。

接受我的建议之后，妈妈与梓豪一起制订作业计划，每天什么时间应该完成什么事情。经过一段时间，梓豪妈妈反馈，孩子拖拉的坏习惯一点点消失了，学习热情也被重新点燃了，心情也逐渐好了起来。

5. 激发自身内驱力

有的孩子不想学习或者不想完成某件事情，就会用拖拉的方式去应付。家长就需要语言上鼓励，行动上肯定，帮助孩子找回自信心。

如果一个孩子在与其生活环境、学习环境的互动中，能够不断获得尊严感、信任感、归属感和自豪感，以及因此带来的幸福感，那么强烈的自尊心和自信心会让他产生主动的内驱力，从而克服拖拉的习惯。

【知识拓展】

教育最大的危险，就是和青春期的孩子较劲。孩子已经养成了拖拉的坏习惯，并不能一时半会就有很大的改变，面对家长不停地唠叨、催促，青春期的孩子很容易做出过激的行为。爱和理解，才是家长教育青春期孩子的出路。

青春期是少年逐渐脱离父母、走向成人的过程，这一过程，被称为"心理断乳期"。他们渴望获得独立、渴望父母重新审视自己，把自己当成大人看待。在这个阶段，正是因为儿童心理模式被打破，成熟的心理模式尚未完全建立，青春期的孩子才会变得挣扎混沌、叛逆激进，才会用自己的方式对抗。如果在这个过程中父母还是一如既往地给予高强度的打压或否定，孩子在父母面前就会慢慢表现出封闭或持续性的低自尊，久而久之表现出来的可能就是没有主见，没有目标，对生活缺乏动力。

【心法一诀】

静待花开，当家长发现孩子的不良习惯，需要耐心地寻找合适的方法帮助孩子改正，给孩子充足的时间慢慢去改变。

谭甜甜，湖北省宜昌市秭归县梅家河乡希望小学语文教师，获湖北省教师信息素养大赛二等奖。

如何培养孩子的学习力

【父母心声】

我是一名高二学生的家长,当班主任向我反馈孩子上课精神状态不好、学习缺乏动力,学习习惯和方法都存在严重问题时,我才意识到我对孩子学习生活的关心远远不够,特别是看到孩子的网课学习状态更让我担忧。早上他起床后进入课堂时处于迷糊状态,作业几乎没有写,完全丧失了学习斗志。我有意观察他的学习行为,周末看似在自己房间"写作业",其实他在用手机通宵玩游戏、刷视频,完全沉溺在网络的虚拟世界里,这让我更加忧虑。如果按照这种状态学习,他今后能考上什么大学呢?他总说学过的知识就是记不住,有时还会抱怨老师和同学,情绪暴躁厌学。我尝试过与孩子沟通,但效果不明显,孩子的状态丝毫没有改善,我感觉心力憔悴。

【现象扫描】

从整体看,高中生平时学习存在以下问题:第一,在学习状态方面,缺乏学习兴趣,没有学习动力;学习压力过大,负面情绪多;学习目标单一,缺乏深层学习动机;对于学习中出现的问题,不能反思归因。第二,缺少学习整体规划,主要表现为学习缺乏计划,以教师布置任务为主,没有认识到应以自己的学习需求为主;学习目标不明确,缺乏职业规划。第三，在学习方式方面，主要以教师课堂讲授为主，只借助教材和练习册学习，学习动力不足。家长看到孩子的这种状态，心里就很着急，就会督促孩子，对孩子提出要求，但孩子又很难达到，亲子关系就会紧张。

【教师支招】

在学习力培养方面，首先要关注高中孩子的学习特点，这个阶段的孩子自主意识和问题意识增强，拥有自己的学习方法，他们的学习动机主要以成就动机为主。其次要明确孩子学习所产生的问题受多方面影响，需要综合分析父母的教养方式，孩子的学习动机、学习方式和学习投入等方面。最后是解决孩子学习的问题，需要学校融入创新的教学模式、建立家校合作共同体，齐心协力共同育人。

1. 激发孩子的学习动机

影响孩子学习动机的因素既有内在因素，也有外在因素。家长可以采取以下方法激发孩子的学习动机：第一，榜样示范法。每个家族中都会有在工作或者学习上很成功的亲属或朋友，可以让孩子和他们多接触，创造一起学习的契机，学习他们的学习习惯，学习他们解决问题的方法，学习他们抗挫时的应对态度等。第二，目标大学激励法。现在各地市很多大学向社会开放，孩子可以网上预约想要参观的大学，亲自去大学生学习的图书馆和自习室看一看，给自己树立一个学习目标。参观的学校越多，就会发现越是好的大学，孩子越是需要刻苦努力。第三，职业探索法。高中阶段家长可以带孩子去企业、公司等地方学习。例如，深圳市罗湖外语学校就和深圳大学附属华南医院、深圳市仙湖植物园等地签署了合作协议，学校邀请医学专家、植物专家等去学校做讲座，每个寒暑假期生物科组和化学科组的老师都会带领兴趣小组的学生去研学参观，学生可以直接跟随医学专家做相应的小课题，这种研学活动可以培养学生的学科素养,在他们心中埋下科学探究的种子,定好今后想要从事的职业,从而激发他们的学习兴趣和探究能力。

2. 转变学习方式

学习方式的转变并不意味着简单地放弃或刻意地使用某种学习方式,而是根据学习内容的不同,综合地应用多种学习方式。第一,时效管理。家长和孩子商议制定学习计划,监督孩子是否按时完成,避免其拖延,孩子也要自我监督,检查学习效果,提高自主学习的学习效率。第二,情境化学习。新高考的考卷中常常出现一些贴近我们实际生活的题目,主要是考查学生用所学知识去解决生活中的学科问题。例如,深圳湾红树林湿地有很多资源信息,教师经常会把其中的信息变成考点出现在高中生物学的试卷中,为了更好地解答这些情境问题,家长们可以带领孩子去这些地方考察,让孩子在休闲中自主学习相关知识。第三,体验式学习。家长可以鼓励孩子参加教师指导学生参与的小课题研究,在探究中学生不是简单地跟随和模仿,而是独立完成或小组合作,激发学生自主合作学习的兴趣。第四,网络式学习。分享给家长6个国家免费提供的教育学习平台,包括国家中小学智慧教育平台、国家教育资源公共服务平台、国家数字图书馆、人民教育出版社、数字高教和大学生在线。家长在假期可以让孩子利用好这些教学资源,根据孩子的学习情况,分层学习。例如,有自主学习能力的孩子可以做到课前预习,学习效率高的孩子可以利用网络资源进行知识拓展等。

3. 父母教育方式的转变

父母教育方式的转变可以从以下几个方面实施:第一,高效陪伴学习法。最好的教育是陪伴,家长要想做好陪伴,在孩子学习的时候,父母可以看一些书籍或者和孩子共读书目,共读后一起探讨书中细节,帮助孩子提升认知能力,引导他们从学习中反思、总结,形成个性化的学习方法，成为会学习的学习者。第二，意志品质培养法。家长要知道高中生学习很辛苦，在每次成绩不理想受挫的时候，想让孩子有坚强的毅力，家长要先做到理解孩子，并做好引导和示范。例如，在吃饭闲谈时，不经意地分享你工作或者学习中受挫时的应对方式和排解压力的方法。孩子潜移默化中模仿学习你的成功经验，避免因压力过大而心理崩溃。第三，个性化培养机制。每个孩子的个性是不同的，不能用统一的教育标准去要求他们。有些孩子靠施压才能有动力去学习，有些孩子需要鼓励才能有进步，所以要根据孩子自身的潜能、兴趣爱好、性格特点等建立个性化培养机制，实现最优化成长。

【知识拓展】

学习力代表学习者面向未来，进行持续而有效学习的能量和潜力，现在逐渐成为终身教育的价值诉求和评判标准。学习力符合人们在新课程改革背景下，对知识、学科、学习关系的重新审视：学科小于全部知识，知识小于学生学习的全部内容，知识和学科都是学习力发展的媒介或手段。发展学生学习力，可以拓宽学业评价思路，促进学生有效学习和终身学习，也是基础教育课程改革的时代诉求。

【心法一诀】

学习力由学习动力、学习毅力和学习能力三个要素组成，是一种综合力。包括理解力、思考力、记忆力、创新力等能力。这些能力相互影响，相互促进。因此培养学生的学习力，挖掘学生的学习潜力，使学生具有终身学习的素质，成就更好的未来。

王丽丽，深圳市罗湖外语学校生物教师，市模范工作者。

让孩子爱上运动，健康成长

【父母心声】

我是一名小学生的家长，孩子今年6岁了，小时候不在我们身边，3岁上幼儿园才回到我们身边。起初我也不在意，后来慢慢地发现，孩子无法把握滑板车的平衡，运动协调性很差；每天不愿意出门玩，有时候一个人在房间可以玩很久，一停下来就想着看动画片，如果不给看动画片就说自己好无聊；现在已经是个小胖墩，身体也不好，到了季节转换时总是容易感冒。

断奶之后孩子就随爷爷奶奶住在农村。农村家里地面尘土多，老人就不愿意让孩子在地上爬，怕脏了衣服，所以孩子的成长过程中缺少了学爬这个阶段，导致3岁了还不会爬，爬的时候两条腿是直的，不会利用膝盖的弯曲来前进，作为父母看着很着急。

爷爷奶奶需要顾着家里的农活，很多时候都将孩子锁在家里，让电视陪伴孩子消磨时光。这养成了孩子可以一个人待一天，不爱运动不爱出门的习惯，同时孩子眼睛还有近视问题。

如果现在不改变这个情况，将来会影响到身体健康、情绪特征等，进而影响孩子的学习、工作和生活。怎样才能让孩子愿意出去运动呢？怎样培养孩子的运动习惯呢？

【现象扫描】

运动是人类生命中不可或缺的一部分,对于孩子的成长和发展具有重要的意义。然而,现代社会节奏快、电子产品的普及,这些都使得孩子们越来越缺乏运动,肥胖、近视等问题出现的频率越来越高。因此,培养孩子的运动习惯变得尤为重要。运动贯穿于生命的全过程,科学运动可以预防疾病、愉悦身心、促进健康。看到自己孩子不爱运动,运动能力差,作为父母,确实很容易产生焦虑的情绪。而这位家长所说的情况,不管是在农村还是城市都很常见。

有的父母上班,将孩子交给祖辈抚养,而祖辈更多的关注的是孩子是否吃饱穿暖。如果老人本身身体不好,或者年龄太大,更无力带孩子出去运动。父母下班以后再不参与到孩子运动管理中来,就更无法建立起孩子的运动意识。

有的孩子娇生惯养,怕吃苦,家里什么家务都不让孩子参与,面对学校的体育课跑步等运动时都一脸苦相,更别提坚持长时间的运动锻炼了。在秋冬季节,生病的孩子很多,到了孩子生病的时候家长才觉察到孩子的身体不够好。

儿童的体育教育是一个全球性的问题,有统计表明从1991年开始,中国人的身体活动总体水平下降了44.9%以上。缺少运动对儿童的影响非常明显:30%的儿童因缺少运动导致肥胖,体质下降,进而影响学习能力。

【教师支招】

如何能让孩子科学地运动,如何让孩子从小爱上运动?

1. 幼儿运动习惯的培养

2~3岁的孩子可以完成简单的游戏动作。家长要多带宝宝出去玩,从简单的运动做起,利用孩子的好奇心让孩子试着做,比如,去公园玩、去游乐场玩等。

如果老人带孩子精力不够,就尽可能做到每天领孩子出去散步。孩子有了走路的能力以后,随着时间的增长,一点点把走路的距离加长。有条件的可以领孩子去有台阶、有坡的地方让孩子爬高、爬楼梯、走平衡木等,这些也是小孩子乐于尝试的运动。

3~6岁孩子的家长可以多带着孩子去户外游玩,多走路和跑步,增强孩子的体质。舞蹈、游泳等运动在孩子4岁以后都可以选择性地开始,这可以促进孩子的反应能力与肌肉的发育。

再稍大一些的孩子的家长可以尝试让孩子参与一些具有安全性并适合孩子的活动,增加孩子的活动能力和体能锻炼,利用多种活动发展幼儿的身体平衡能力与动作的协调性和灵活性。如,沿着地面走直线、玩跳房子、踢毽子、蒙眼走路、踩小高跷等游戏活动,鼓励孩子进行跑跳、钻爬、攀登、投掷、拍球等活动。

2. 小学阶段运动习惯的培养

(1)言传身教。在这一阶段,家长的运动习惯和态度会直接影响孩子。如果家长本来不怎么运动的,那么现在也该运动起来了,一方面锻炼了身体,另一方面也带动了孩子,何乐而不为呢?

(2)培养坚持的习惯。家长每天坚持陪伴孩子一起运动一定的时间,一个月就会形成一定的习惯,坚持下来一定收获颇丰。

跟随祖辈生活的孩子,家长也不必自责,可以坚持打电话和孩子沟通,关注他的运动状况,鼓励他在学校里运动也不失为一个好办法。

（3）鼓励孩子参加学校体育活动。小学的孩子乐于参加各项活动，此时父母鼓励孩子去参加各种学校举行的体育活动。只要参加，孩子一定会在运动中感受到乐趣和意义，运动的习惯就容易养成了。

（4）培养一项体育爱好。引导孩子找到自己感兴趣的体育运动项目，越早越好，然后有针对性地进行训练，有条件的可以找专业老师学习，规范运动姿势，避免运动受伤，提高运动效率。

（5）关注孩子的心理。大多数孩子在小学阶段不能自主坚持学习某一项运动项目，可以从两方面来解决，一方面家长可以允许他们参与多项运动项目，另一方面可以用奖励等方式进行督促和鼓励，不要轻易放弃，但要考虑孩子的心理状况，若孩子实在不爱这项运动就考虑换其他的项目。

（6）做好后勤保障。这一阶段，孩子身体生长迅速，家长还应该注意孩子的饮食和睡眠质量，保证孩子的身体健康，为孩子的运动和身体发展提供保障。

3. 中学阶段运动习惯的培养

中学阶段，体育运动还带有一定的强制性，初中中考体育成绩算入总分，高中学生要参加体育水平能力测试，目前已经是很多家长关注的问题了。

但家长们也不用太紧张。在这个时段，孩子的运动需求会比较多，一方面青春期孩子有释放能量的需求以及紧张的学业中舒缓压力的需求；另一方面面对体育考试，孩子们都想考好。

此时家长需要更多关注的是运动标准和运动技术，帮助孩子进行体能训练，培养自我锻炼的能力，培养自主学习和终身坚持锻炼的意识，培养运动中的团队意识。学校团队运动项目比较多，比如，篮球、羽毛球、乒乓球等，鼓励孩子去参加这些活动。

运动习惯的形成是一个长期的过程，家庭是孩子最早接触运动的场所，家庭的运动氛围对孩子运动习惯的养成起着至关重要的作用。家长要重视一个问题：一个没有任何运动的家庭环境想培养出很爱运动的孩子是有些困难的，父母爱好运动，孩子耳濡目染，运动自然也不会差。

【知识拓展】

《中国人群身体活动指南（2021）》的总则中提道："减少静态行为，每天保持身体活跃状态"。

指南中将"静态行为"定义为在清醒状态下，能量消耗小于1.5梅脱（身体活动中代谢消耗的单位）的活动，如坐着看电视、开会、听课、用电脑、阅读等。

2岁及以下儿童：每天与看护人进行各种形式的互动式玩耍；能独立行走的幼儿每天进行至少180分钟（3小时）的身体活动；不建议使用电子设置。

3~5岁儿童：每天要进行至少180分钟的身体活动，其中包括60分钟的活动玩耍，鼓励多做户外活动；每次静态行为不超过1个小时；每天视频时间累计不超过1小时。

6~17岁儿童青少年：每天进行至少60分钟中等强度到高强度的身体活动，且鼓励以户外活动为主；每周至少进行3天肌肉力量的练习和强健骨骼练习；减少静态行为，每次静态行为持续不超过1个小时，每天视频时间累计少于2小时。

【心法一决】

我国著名教育家叶圣陶先生说:"什么是教育?简单一句话,就是要养成良好习惯。"孩子的生活不只是学习,还应该有运动和游戏。培养良好的运动习惯会有益于孩子一生。

潘娟娟,湖北省鄂州市第四中学地理教师,鄂州市名班主任,鄂州市学科带头人。

家庭美育的最好方式：把艺术融入生活

【父母心声】

我是一名初一学生的家长，我的女儿名叫诗婧，我和她妈妈在诗婧上幼儿园的时候开始给她报了绘画和拉丁舞两门课程，希望把孩子培养成一个德智体美劳全面发展的优秀孩子。诗婧比较喜欢绘画，也一直坚持了下来，但拉丁舞学了一两年也没有兴趣，节拍都跟不上，中途就放弃了。小学阶段孩子的课余时间相对比较多，绘画还一直都在学。但是现在上初中了，孩子每天忙于学业，没有时间去参加兴趣班了。朋友们说："你想培养孩子全面发展的初衷确实是好的，但是德智体美劳全面发展是一种理想状态，现实生活中很难做到，特别是美育，顺其自然就好，不需要特别引导和培养。孩子喜欢就学一下，不喜欢就算了。""美育是艺术特长，要花费大量的时间和精力，效果也不明显，还不如把学习成绩搞上去实在。"

我们想培养孩子全面发展，尤其希望通过美育来提高诗婧的综合素养，但实施起来真的很难，中考的压力就在眼前，中考科目的学习必须花费大量的时间和精力，不得不放弃业余爱好，我们家长和孩子都很矛盾，怎样才能兼顾美育和文化课的学习呢？

【现象扫描】

从诗婧爸爸的描述中我们可以看到他们是很注重对孩子在文化学习和美育上的培养的，同时也可以看出以下两方面的问题。

一方面，注重美育培养，但缺乏合理规划。诗婧的父母注重对孩子的美育培养，但缺乏对美育和学业的统筹规划。孩子的时间和精力有限，要充分考虑到实际情况，父母要引导她安排好自己的精力和时间，在学好文化课的同时，发展兴趣爱好。

另一方面，美育观念陈旧，需要迭代更新。美育跟综合素养密不可分，艺术课程在孩子的成长中占据着非常重要的位置，但美育的内涵和范畴不是诗婧爸爸理解得那么狭隘，音乐、美术和舞蹈等课程实际上只是美育的一部分，生活中、自然里，处处都有美育素材。

【教师支招】

1. 艺术美是家庭美育的基石

美育不是要把孩子培养成舞蹈家、音乐家、艺术家，而是培养孩子发现美、欣赏美的能力。家庭美育形式多种多样，音乐、美术、舞蹈、手工、影视鉴赏、谜语、泥塑、快板等都可以包括在内。家长和孩子一起唱歌、跳舞、画画、做手工，还可以和孩子一起组织各种比赛，让他们在组织和参与的过程中增强对美的理解。

具体来看，家长在和孩子欣赏音乐的时候可以结合音乐给孩子讲故事、打节拍，这些都能够增强孩子对艺术的亲近感，让他们在歌声中感受美。三四岁的孩子特别喜欢涂鸦，我们应该鼓励他们多画，并且把有创意的画"装裱"起来，在画的四边用不同的颜色或者花纹画出边框。在涂鸦的过程中，家长要多问问孩子的想法，画的是什么？

是怎么思考的？开发孩子的逻辑思维能力；同时多多鼓励和表扬孩子，培养孩子的自信心，让孩子体验到成功的喜悦。陪伴孩子画画，一起欣赏艺术画册，有条件的家庭还可以带孩子参观画展、美术展、艺术作品展，培养他们对艺术的兴趣，激发他们对艺术的热爱。

手工活动可以开发孩子的大脑，培养孩子的专注力和动手能力，如，陪孩子玩泥巴、做弹弓、泥塑、堆积木、玩拼图、给泥塑上色、做手串等。家长要根据孩子的年龄阶段选择适合孩子的手工活动，不能让孩子因为难度太大而减少对手工的兴趣，甚至养成虎头蛇尾、半途而废的不良习惯。

家长还可以引导孩子做手账，就是将文字和图画融合在一起的一种自由创作，这比较适合10岁以上的孩子。这种记录比日记更加丰富，孩子在记手账的时候，一要记录想写的内容，二要设计版面，画适合所写内容的图画、贴合适的图片、装饰用的胶带，达到内容和装饰品之间的和谐统一，这也是提高审美的一种方式。

此外，中华优秀传统文化也是家庭美育必不可少的一部分。家长可以通过给孩子们背古诗、讲故事、读儿歌、说快板等方式培养孩子的文学兴趣，还可以教孩子写毛笔字、练钢笔字等，这样既培养了孩子们的专注力，也是在进行尚美教育。

2. 自然美是家庭美育的源泉

家长带孩子走进自然，感受大自然的美。接触大自然不仅可以开阔孩子的眼界，还可以陶冶情操，培养他们热爱大自然的情感。家长陪孩子欣赏大自然的时候可以边走边解说，甚至停下来，与孩子一起细细品味大自然的美好。我曾经看到过一篇札记，说的是妈妈和女儿出去散步，但是因为路途有些远，返程时，孩子哭闹着要坐车回家。这时妈妈发现了满地的银杏叶子，于是母女俩开始捡拾叶子，并编造美丽的故事。

其实，作者和他的女儿并不是专门去看美景的，但是作者善于发现自然美，也善于培养孩子的意志力和审美能力。所以说，尚美教育无时不在、无处不在，既在家长的一念之间，也在大自然的每个角落。

丰富美丽的大自然是取之不尽、用之不竭的美育源泉，大自然向我们展示了蔚蓝的天空、奔腾的江河、壮丽的山峦、辽阔的海洋……家长多带孩子走出家门，去春游、去露营、去野炊，见识大自然的美，为他们播下热爱大自然、保护大自然的种子。

3. 生活美是家庭美育的天地

（1）榜样引导，家长先行。"父母是孩子的第一任老师"，所以家长对孩子的影响是不言而喻的。家长要通过自己的言行告诉孩子服饰美观大方、举止文明得体、待人友好热情就是美。

（2）创设美好环境，潜移默化。家庭内外都是尚美教育的场所，这个"课堂"对孩子有着潜移默化的作用。家长要创设美好的生活环境，把家里打扫得干净整洁，家具摆放有序整齐，最好带着孩子一起参与卫生的打扫、环境的布置等。

（3）点滴生活，处处美育。引导孩子发现生活中的美：跳跳广场舞，做做韵律操，感受运动之美；观察环卫工人们的劳动场面，参与社会实践活动，认识劳动的价值，珍惜劳动成果，树立劳动光荣的理念；践行雷锋精神，做乐于助人的孩子，学习雷锋的钉子精神，做爱学习的孩子。

【知识拓展】

教育家苏霍姆林斯基说："儿童时代错过的东西，到了青年时代就无法弥补，到了成年时期就更加无望了。这一规律涉及孩子精神生活的各个领域,特别是美育部分。"家庭尚美教育是对孩子的心灵关怀,这种精神食粮使孩子受益一生。

孩子在参与尚美教育的过程中不断开动自己的大脑去思考,去创新,通过分析去获取知识,取得进步,既锻炼了大脑,又提高了尚美水平和能力。

现在有的家庭中亲子关系紧张,家庭美育可以成为亲子沟通的一种形式,促进亲子关系更加融洽,形成更加和谐的家庭氛围。

【心法一诀】

家庭美育需要家长在家庭生活的各个环节中,用各种美的事物来影响孩子,引导他们形成正确的审美意识,有鉴赏美、创造美的能力。

周海燕,湖北省恩施市中等职业技术学校英语教师,恩施市"四好班主任"。

品德教育，点亮孩子的灵魂之光

【父母心声】

我是小刚的父亲，一名初三学生的家长。我们家就我和小刚两个人，我的爱人在孩子3岁的时候因病去世了，我一个人带着小刚，又当爹又当妈地把他拉扯大。这十几年来他都比较听话，但是最近我发现他跟我不太亲近了，还交了几个社会上的朋友，周末也不在家学习，逮着机会就跑出去。我上班比较忙，不能天天守着他，我自己也没有多少文化，讲不出来大道理，跟他沟通也走不进他的心里。我几乎每天都在叮嘱他要好好学习，不要交坏朋友，叫他"别做坏事""要听话"，但是他总是不听我的话，有时候还会对我大喊大叫，说我不理解他，喜欢把自己的意志强加到他的身上。有时候我的脾气上来了也会抽他，打了他之后其实也很后悔，昨天班主任老师还跟我说小刚现在上课心不在焉，甚至还开始逃课跟社会上的朋友混在一起，我现在对他束手无策，我很着急。

我只有这么一个孩子，我打心眼里爱他，自己再苦再累都没关系，只想尽量给他提供好的学习条件，但是他却感受不到我的爱。他在初中的成绩虽然不是很好，但是政治课成绩却比较好，但班主任老师却说他的主要问题是要加强思想政治教育，我该怎么办才好呢？

【现象扫描】

从小刚爸爸的描述中我们看到这个家庭的尚德教育是缺失的。从社会新闻来看，近年来家庭暴力事件持续攀升，这些事件和数据也显示出家庭尚德教育的缺失——家长对孩子放任自流，疏于管教，孩子不念亲情，无感恩之心。其原因在于：

（1）家庭尚德教育内容空洞。家长对孩子的教育只停留在嘴巴上，一味地教育孩子"别做坏事""要听话"，但是从来不去指导孩子分辨什么是"坏事"，怎么做才是"听话"。有的家长认为德育就是思想政治课，只要思想政治这门课考得好就是品德好。

（2）家庭尚德教育方式简单。家长忽视孩子的主观能动性，把孩子看作附属品，喜欢把自己的意志强加到孩子身上，把德育看作是管教，如果不服从家长的管教就会批评孩子，横加指责，甚至棍棒相加。

（3）家庭尚德教育的示范作用弱化，家长不能以身作则。家长对自己没有任何要求，有的家长自身的品德素养都成问题，不能起到很好的示范作用。

【教师支招】

在古代家庭教育中，始终把道德教育放在首位。《增广贤文》中记载："不求金玉重重贵，但愿儿孙个个贤。"党的十八大报告中对家庭教育提出了以下指导意见："家长们要全面学习家庭教育知识，用正确思想、正确方法、正确行动教育孩子。"

1. 教育内容需因地制宜，寓教于乐

家长需要寻找机会甚至创造机会将品德教育融入日常活动之中，不能把品德教育孤立起来，做成纯粹的说教。家长可以和孩子经常沟通，

了解他的学习和生活情况，从孩子身边寻找教育契机。家长可以结合学校、班级的品德教育活动进一步深化品德教育的效果，例如，班级组织"学习雷锋好榜样"活动，家长可以和孩子一起上网查找雷锋的资料，了解雷锋生平与雷锋精神，引导孩子真正理解雷锋精神不仅仅就是服务人民乐于助人的奉献精神，还包括热爱学习珍惜时间的"钉子精神"、勤俭节约艰苦奋斗的传统美德、锐意进取自强不息的精神风貌。这样，在家长与孩子一起完成活动筹备的过程中，拉近亲子关系的同时也把品德教育做成了简单而快乐的事情。

孩子犯了错误后主动给家长讲明事实，家长就应该相信自己的孩子，不要表现出怀疑，但是要利用这件事情跟孩子摆事实、讲道理，让孩子认识到错在哪里，为什么会犯这种错误，怎样才能避免犯类似的错误，做到以理服人。切忌事后以此事作为反面教材不断重复，打击孩子的自信心。

2. 教育方式需灵活多样，适时适度

家庭教育要取得良好的效果需要选择适合孩子年龄特点、成长规律的教育方式，适当地作出适时的、恰当的、略微超前的教育。给孩子制定的目标就是"跳起来摸得着的那一个苹果"，既不能无视孩子的实际情况拔苗助长，也不能低估孩子的能力而要求过低，阻碍孩子的发展。

家长对孩子的过度呵护成为了一种管制，其实再小的孩子都是一个独立的个体，他们有自己的思维，自己的爱好。父母要把孩子看成家庭的重要一员，平等民主地对待孩子，听取孩子的意见，尊重孩子的想法。当然，如果孩子有不利于健康发展的行为，家长务必要积极沟通，正面管教，不能放任不管。

孩子有进步或者做了好事，请家长不要吝于表扬，表扬时家长的态度要诚恳，不要夸大其词。父母双方要学会配合，在孩子教育上父母双方都是责任人，不要相互推诿，而应该共同合作，严慈相济，张弛有度，一起教育好孩子。

温室里的花朵经受不了狂风暴雨的洗礼，温室里的孩子在困难面前也会不堪一击。挫折教育就是培养孩子坚强的意志，培养孩子面对困难时的勇气，激发孩子迎难而上的大无畏精神。在生活中、在学习上孩子都可能遇到困难，家长要多注意观察孩子，正面引导，实时鼓励，在困难面前陪伴孩子寻找解决办法。

3. 父母需以身作则，言传身教

言传身教是最好的教育方法，父母对孩子的示范作用不言而喻，且家长对孩子的教育不是某时某刻，而是每时每刻。家长尊老爱幼，碰到亲戚朋友主动热情问候；公交车上主动让座；远离手机，勤于学习，家长守规守纪、礼貌待人、热爱学习这些都起到了榜样作用。若父母都热爱阅读，那全家人可以一起开阅读会，一边阅读，一边交流，阅读后还可以一起写作，一起演说，慢慢地，一个学习型的家庭就营造出来了，在这种学习氛围中一个以学为乐的孩子就被培养出来了。

【知识拓展】

怎样进行家庭尚德教育？

（1）从国学经典中学习。中华民族有上下五千年的历史，悠久灿烂的文化蕴含着丰富的道德教育资源，拥有进行尚德教育的最好源泉，因此我们可以借鉴这些优秀的文明礼仪故事和历史人物进行文明礼仪教育。例如，《曾子避席》《程门立雪》是尊师典范；《孔融让梨》是谦让典范，等等。

（2）从日常生活中学习。在日常生活中，家长可以创造机会对孩子进行文明礼仪方面的训练和教育。这个教育不能简单粗暴，我们经常看到年幼的孩子面对陌生人不愿意打招呼的情况，有的家长会循循善诱，引导孩子打招呼，但是也不乏家长大声呵斥孩子不懂礼貌，当众教训孩子，这样既伤害了孩子的心理，也让场面更加尴尬，更说明家长本身也需要学习为人处世和沟通交流的方式方法。

（3）从网络资源中学习。合理运用网络资源是信息时代人们必备的技能，网络资源包罗万象，可以说现在有很多不懂的内容都可以问"度娘"，问"万能的朋友圈"，不管是国学经典还是外国案例都可以在网上找到。而且还有一些正能量的博主，用诙谐幽默的小视频也能进行尚德教育，当然，前提是家长要起到监督和引导的作用。鉴于孩子们年纪小不能正确把控网络资源的学习，家长要尽量做到陪伴孩子上网。

【心法一诀】

蔡元培曾言："德育实为完全人格之本，若无德则虽体魄智力发达，适足助其为恶，无益也？"德育的关键是自己修身养性，做好示范。

周海燕，湖北省恩施市中等职业技术学校英语教师，恩施市"四好班主任"。

03

第三章

社交这门课，只能父母教

如何建立和谐的母子关系

【父母心声】

我是一位充满责任感的母亲,儿子叫王志明。像所有父母一样,我对孩子有许多期望。我希望他能在学习中获取知识,充实自我,茁壮成长。自他懵懵懂懂走进幼儿园,我就一直陪在他的身边,看着他从一个调皮捣蛋的小男孩,逐渐长成一个懂事、独立的少年。我们曾经有着无比亲密和美好的母子关系,他会分享学校的新鲜事,会在我疲惫归来时,献上一杯热腾腾的红糖水,还会在我生气的时候给我讲笑话巧妙地转移我的注意力。

然而,这一切在他步入青春期后就逐渐发生了变化。他不再如以前那样和我分享他的生活,甚至有时还敷衍我。我开始深感困扰,仿佛在我们之间有了一道无形的鸿沟。我曾经尝试,陪他一起玩电子游戏,试图了解他的世界;我也尝试调换策略,淡化我"妈妈"的身份,转化成他的朋友,尽可能地理解他所面临的心理压力和困扰,但似乎效果并不如我所想。

但越来越沉重的学业压力,加上青春期的烦躁情绪,明明原来是那么亲密的我们,现在却像是迎风的两片叶子无法亲近。我怀疑自己之前的教育方式是否正确。我应该在他的生活中扮演一个更严格的角色,还是给他更多的空间?我希望能重塑我们之间的情感联系,使我们的母子关系再次回到那个温馨和睦的状态。

【现象扫描】

在孩子成长的过程中，母子关系出现一些微妙的变化是正常的。这种现象往往在孩子步入青春期开始出现，进入初中甚至高中更为明显。这是因为他们正在尝试寻找个人身份，开始渴望独立，建立独立人格，希望自己可以做更多的决定，也开始对与父母的互动方式产生反思。这个阶段的孩子，开始对世界有了更深入的理解和思考，视野扩宽，开始有了自己独特的见解，世界观、价值观也在这个阶段逐渐形成。他们在思考什么是对的，什么是错的，什么是好的，什么是坏的，并以此来审视周围的事物，包括母亲的行为。

青少年时期的升学压力、人际关系的变化，以及身体的发育都会使他们的情绪变得复杂起来。他们在面对身体和心理上巨大变化的同时，也可能因为不知如何有效地处理新的压力和挑战而感到困惑和不安。在这个阶段，以前的亲子交流方式可能会不再合适，甚至有可能引发孩子的反感。家长要找到一个平衡，不断地调整自己的做法，同时允许孩子发现自我，并发展自己的个性。

让孩子独立的同时，保持开放的沟通以及相互的尊重，是一个极其重要的过程。学会赞美和夸奖，不过于苛责，适当礼让，以及在关键时刻敢于坚持自己的原则，都是在这个阶段需要我们去做好的事情。总的来说，对于母亲来说，这是一个挑战与机遇并存的阶段，找到与孩子沟通的新方法，理解并接纳他们的变化，是构建和谐母子关系的重要措施。

【教师支招】

为了帮助孩子建立自信并顺利成长，母亲需要耐心地学习和尝试。每个阶段的孩子都有其独特的需求和特点，理解这些需求，尽可能满足他们，并在适当的时候给予适当的指导，这就是母亲的职责与挑战。建立和谐的母子关系并非一蹴而就，需要母亲的理解、支持和耐心。

1. 尝试理解和尊重

孩子在尝试建立独立人格的过程中，会对许多事情产生自己的看法，此时，作为母亲，应该理解和尊重他的想法，而不是一味地批评和指责。这不仅是一种生活态度，还是一种与孩子相处交流的有效技巧。作为母亲，首要任务就是学会理解和尊重孩子的独立性和个体差异。他们正在经历从儿童到青少年的过渡期，这是一个复杂的时期，试着去理解孩子面临的压力与挑战，比如，社交压力、学业压力、身体变化等。此外，对孩子的接纳也很重要。接纳并不一定总是对孩子行为的认同或者让步，而是对孩子的爱和照顾，在任何情况下，让他们知道你都会站在他们的身后，这是建立健康关系的基础，对于母子关系尤其重要。孩子需要知道他们可以信任父母，并在亲子关系中感受到尊重。

理解和尊重是鼓励孩子形成稳定的自我认识和发展良性人格的前提。在日常生活中，如果遇到孩子的负面情绪、过激行为甚至错误行为，我们都需要用一种理解和尊重的方式去面对。在这个过程中，母亲会陪伴孩子度过许多重要时刻，而这些都将成为他们内心的力量，帮助他们更好地走向未来，也帮助消除沟通隔阂，促进和谐的母子关系。

2. 鼓励开放和坦率的对话

当孩子愿意和你分享他的想法和感受时，要用足够的耐心去倾听，并给予肯定和鼓励，这样才能帮助他们建立自信和自尊。作为母亲，我们也要敞开心扉与孩子分享我们自己的担忧和困惑，告诉孩子，我们过去也遭遇过同样的困扰，现在仍然在努力解决生活中的问题，这种模式的对话将鼓励他们对生活的挑战保持开放和诚实的态度。我们需要以倾听的态度询问孩子的看法，并重复他的话，这样可以建立孩子的信任和理解。此外，让孩子主导对话可以更好地了解他们的想法，与他们就生活、学业、朋友、兴趣爱好、困扰等主题进行深度讨论，可以更好地理解孩子，进而促进有效沟通的顺利进行。

与孩子对话，意味着我们不仅要表达自己的观点，更多的是要倾听孩子的看法，我们要让孩子知道，即使有不同的观点，我们仍然尊重他们并愿意听取他们的意见，他们的意见和想法在家庭中也非常重要，以此增强他们的自我价值感，使他们更愿意分享自己的想法和感受。

3. 正面陪伴与鼓励

无论孩子面对何种挑战，都需要知道有家长在背后支持他们。正面的陪伴和鼓励对于孩子的成长有着不可估量的重要意义。陪伴是孩子感到家庭温暖和安全感的重要维系方式，也是促进母子关系稳定的关键手段，而鼓励则是推动孩子自我发展和建立自我肯定的关键。母亲的陪伴不仅是提供身体层面的陪伴，更是情感陪伴。在孩子需要的时候，母亲可以提供适当的帮助和支持，如一起旅游、一起学习等。

母亲的鼓励可以让孩子感到被肯定和接纳。母亲可以通过赞美孩子的成绩，欣赏他们的努力，认可他们的优点来鼓励孩子，从而培养母子间的信任与安全感。陪伴与鼓励是母亲在孩子成长过程中，对孩子的情感支持和心理建设的重要手段，是孩子持续自我发展和自我成长的重要动力，也是发展和谐母子关系的重要途径。

【知识拓展】

母子关系对于孩子的成长有着深刻的影响。良好的母子关系可以让孩子感受到无条件的爱，帮助孩子建立良好的人格，建立积极的生活态度。研究还发现，母亲的积极情感和建设性行为能够提高孩子的社交技能，还能帮助孩子建立健康的社交模式，提高社交能力，他们在学校的表现往往更好，他们更懂得同情和理解他人。孩子在成长过程中更容易适应环境，对人生的挑战有更充足的准备，对于孩子的人格发展和社会适应性的培养有着深远的影响。因此，建立和谐的母子关系不仅能让母亲和孩子获得快乐，对孩子的整体发展也起着十分重要的作用。

【心法一诀】

"爱，是无私的给予；理解，是无声的包容。"母爱如海，无论孩子走到哪里，母亲心中那份对孩子无私的爱和理解，都是他们最坚实的后盾。

张艳，深圳市龙华区教育科学研究院附属学校小学数学教师，深圳市佘双华班主任工作室成员。

正确隔代教育，从容养育孩子

【父母心声】

女儿小月现读小学二年级，是家中的"小公主"。我在幼儿园上班，爱人在其他事业单位上班，我们家属于工薪阶层家庭。因我们工作比较忙，于是就把刚退休的公公婆婆请来和我们共同生活，并请婆婆协助管理小月的学习和生活。公公婆婆非常乐意，尤其是婆婆还主动提出要当小月的家庭教师。

公公婆婆对小月疼爱有加，公公负责接送小月上学、回家，婆婆负责小月的生活起居和学习辅导，连学校布置的亲子作业，婆婆也"替"小月完成。小月的学习完全由婆婆负责了，我和爱人就一心扑在工作上。早上起床，我们就能闻到香喷喷的早点，晚上回来就能看到热气腾腾的晚餐，这种三代同堂的生活确实充满着浓浓的家的味道。

可是随着时间的推移，我们在小月的教育问题上出现了分歧。每当我接到老师通知，说小月在学校犯了错，当我批评小月时，婆婆总是参与其中，极力为小月辩护。婆婆甚至利用送小月上学的机会，进学校找老师理论；在遇到小月不懂的作业题时，婆婆仅是苦口婆心地讲，而不与生活、实际联系起来，还买来课外作业为小月"加餐"……

公公婆婆和我们共同生活，确实减轻了我们家庭生活中的压力，这个家也有点离不开公公婆婆了。可是，时代发展了，家庭教育要求提高了，我们不仅要加强家校协同育人，还要更新家庭教育观念，可婆婆的隔代养育观念和方法却不是我所希望的那样，我该怎么办呢？

【现象扫描】

当前，无论是城市还是农村，隔代教育是一种普遍现象。在农村，经济条件相对落后，大量青壮年外出务工，父母只好将孩子留给在老家生活的爷爷奶奶或外公外婆照顾；在城市，生活节奏快，生活压力大，身为上班族的父母工作繁忙，无暇顾及孩子。在家访中，我们经常听到很多父母这样说："自己很忙，经常管不了孩子，晚上下班回来，孩子已经睡了；早上出门上班时孩子还没有起床，一天之中只偶尔打个照面。"因此，在城市里也同样存在很多年轻的父母，将孩子的教育和管理任务交给祖辈负责。同时，当下的年轻父母，追求生活的自由和舒适，也经常将亲子教育部分转嫁给祖辈。还有一些因婚姻、家庭不顺而离异的家庭，被迫形成了隔代教育。

祖辈之所以乐于接受对孙辈的教育，有时甚至不请"自荐"，是因为中国还有一个传统观念，那就是"望子成龙"，同样也有"望孙成龙"。央视《百家讲坛》主讲人赵玉平分享了一个中国文化理念：一个人这一辈子干什么事都成了，只要有一件事没有干成，死的时候就闭不上眼，这件事就是子女教育；同理，一个人一辈子什么事都没有干成，只要有一件事能干成，死的时候就闭得上眼，这件事也是子女教育。这种理念虽然随着时代的发展在慢慢淡化，但在当下祖辈这一代仍然比较明显。

【教师支招】

如何处理好隔代教育和亲子教育的关系？如何充分发挥隔代教育的优势？这需要父母高度重视家庭教育，更新家庭教育观念，因家而异、因人而异采用有效的融合策略。

1. 亲子教育不能丢

无论父母的工作有多重要，无论生活压力有多大，都不能放弃亲子教育的主体责任，不能因为外出打工，或者因为工作繁忙而将教育责任推给长辈。这就要求担负亲子教育的父母，要合理安排工作与生活，科学配置当下与未来，慎重选择"芝麻"与"西瓜"。

在上述案例中，小月的妈妈将公婆请来共同生活，协助管理小月的学习和生活，以减轻家务负担，这样既解决了公婆退休后没有事做的生活空档问题，又减轻了自己在生活上的事务性负担，是一件共赢的美事。但小月的父母应该把握好祖辈在家庭生活尤其是参与家庭教育的度，不能一味为了减轻工作和生活中的压力，将教育和管理孩子的任务全部推给祖辈。小月的父母可以将接送孩子的任务请祖辈分担，但回家后的学习辅导首先由小月父母过问；是否需要购买学习辅导书、购买什么样的辅导书，都得由小月父母根据小月的实际情况来决定；每周、每天安排什么样的生活，祖辈也不能因为疼爱孙子就以孙子的喜好来决定，小月的父母要按照营养均衡搭配把好关等。也就是说，小月的父母应是小月学习和生活管理的第一责任人，紧紧把握住家庭教育的方向和原则性问题。

2. 隔代教育不越位

隔代教育虽然有其不可忽视的重要作用，但也要扮演好自己的角色，站好自己的位置。当祖辈加入子辈与孙辈的生活中，家庭结构就发生了变化。受传统思想的影响，有的祖辈在家庭生活中经常会摆出"老一辈"的姿态，自认为人生阅历广泛，生活经验丰富，对家庭教育"指手画脚"。当小月的父母在批评教育小月时，公婆马上站出来，甚至唱起了反调，去找学校老师理论，这样的隔代教育严重越了位，这样的教育方式会让小月无所适从，对小月的健康成长极为不利。久而久之，小月会因"趋利避害"的本能反应，一遇到相同情况，就会向有利于自己的那一方获取帮助，而放弃了事情本身正误的原则性。在小月的家庭生活中，父辈是家庭教育的主角，祖辈是配角，配角是围绕主角转。因此，在小月的学习辅导、习惯养成、家务劳动等方面，公婆都要按照小月父母的要求去落实，在"配角"的职责范围之内完成一些事务性工作。

3. 隔代教育与亲子教育要融合

第一，坚持一个中心。在一次家访中，我遇到了一位家庭教育做得不错的家长。家长经常出差，孩子的日常生活及学习经常由祖辈负责管理。当我问到"如何与祖辈保持教育观念一致性"时，孩子的父亲说："我负责出主意，爷爷奶奶负责落实。"这句简单又朴素的回答，却可以有效地解决隔代教育与亲子教育中的很多分歧。在小月的家庭教育中，隔代教育与亲子教育已经出现了严重分歧，既体现在教育理念上，比如，公婆忽视生活教育，采用灌输式的教育方法，又体现在具体方法上，比如，小月父母在批评小月时，婆婆不通过私下和小月父母沟通而直接站出来干预，等等。鉴于此，小月的父母可以首先从大的方面提出对小月的教育要求，统一和祖辈的教育思想，祖辈再根据父母的教育主张来完成日常的具体工作，如遇到重大问题还要和父辈商量后解决，确保行动统一，"声音"一致。

第二，坚持边界分明。家庭教育内容宽泛，不只是学习辅导，还有生活教育、习惯培养、人际交往等。亲子教育和隔代教育共存的家庭，可以划分出相对的独立板块，分头完成任务。比如，在小月的家庭教育和管理中，父母负责学习辅导，祖辈负责生活保障；父母负责亲子活动，祖辈负责家风培育；父母负责智力游戏，祖辈负责劳动教育等。

家庭教育内容的划分并不是绝对孤立的，而是相互联系、彼此配合的，目的是明确各自的职责，发挥各自的优势，有效提高教育效益。

隔代教育与亲子教育的融合策略有很多，需要父母与祖辈在具体的家庭教育实践中不断完善，尽量探索出适合自家孩子的教育策略。

【知识拓展】

既然有隔代教育的需求，就一定存在隔代教育的价值。祖辈之所以能承担起隔代教育的任务，一是因为祖辈大多进入退休养老期，生活相对稳定，与孩子的学习和生活基本能处于相对应的时空范围，有时间、有精力教育孩子。二是因为我国实施多年的计划生育政策，独生子女多，孙辈人数少，祖辈倍加珍爱孙辈；三是老年人岁数越大，越喜欢小孩子，非常享受儿孙绕膝的天伦之乐，还可以消除老年生活的空虚与寂寞；四是祖辈经过大半辈子的生活磨砺，有一定的人生阅历和育儿经验。

对于一个完整的家庭来说，隔代教育和亲子教育是共同存在的，只是在不同的家庭，孩子成长的不同时期，两种家庭教育形态所占的比重不同而已。隔代教育取代不了亲子教育所特有的亲情教育，亲子教育也不可能完全依赖隔代教育，我们要以亲子教育为主，以隔代教育为辅，充分发挥隔代教育的优势，尽量克服隔代教育的不足，担任好亲子教育第一责任人的角色。

【心法一诀】

隔代教育是座"矿山"，需要父母认真"提炼"才会淘出"金"来。

谭国发，湖北省秭归县教育科研信息中心德育教研员，秭归县中小学班主任名师工作室顾问，宜昌市学科带头人。

如何成就美好的父子关系

【父母心声】

我的家庭总体来说十分和睦,唯一的儿子今年上初中了,当别人家为自己的孩子不好好学习,迷恋电子产品发愁时,我心里就很庆幸,这些情况在我家基本不存在,我儿子在这方面能很好地控制自己。儿子自小性格偏内敛,跟同学虽能友好相处,但好像没有真正的好朋友,成绩中等偏上,但是他一直愿意在学习上花心思,也多次跟我们说无论如何自己都不会放弃学习,都会尽自己最大的努力去学习。老师也说他学习态度端正踏实。说实话,我自己自小学习成绩也不好,相比儿子的坚持不放弃,我在他这个年龄段的时候远远做不到。我跟儿子说得最多的就是,爸爸不会逼你在学习上取得什么样的成绩,你自己尽力,将来不后悔就好。我这个人挺知足的,自己没读多少书,能有今天安定的生活,我挺满意的。只是,这些年,我隐隐感觉儿子跟妈妈关系好,跟我不贴心,总感觉我们之间似乎隔着点什么,平时我想跟他聊聊天,他都很不耐烦,尤其是当我和他妈妈发生争吵时,我能明显感觉到儿子对我的敌意。我百思不得其解,我究竟做了什么,让我和儿子的心走不到一起?我可以做点什么让我们父子感情真正地亲如父子?

【现象扫描】

享受父子之情应该是每位做了父亲的人都希望体验的亲子之乐，可是对案例中的这位父亲来说仿佛是一种奢侈。我们看到这位父亲不像当今社会大多数父母那样在学业上有较高期待，相反他觉得孩子学习尽力就好，只是想在情感上跟孩子亲近一些，却好像始终走不进孩子的内心。那种无奈与焦灼，跟一般的家庭还不一样。这个家庭夫妻关系总体良好，孩子也没有偏离正常的轨道，却让这位父亲真切地感受到父子之间情感的疏离，这是为什么呢？

这可能是家长对孩子某个心理发展阶段的心理任务没有完成所致。传统精神分析理论认为，儿童在3～5岁会被异性父母吸引，希望取代同性父母而独占异性父母的关注与情感，因而把同性父母都看作是自己的竞争对手。如果孩子在这个阶段的情感没有得到满足或过度满足，那么他的"力比多"能量就会停滞在这一阶段，以致后来的心理成长都会带有这一阶段的特征。从这个角度来看，案例中父子之间的情感疏离可能跟孩子童年阶段与父母情感的发展有关。案例中的孩子在3～5岁的时候，母子关系过于亲密，使得父亲没有机会来跟孩子建立良好关系；也可能是这位父亲在孩子这个年龄段的时候忙于其他事项，没有时间跟孩子好好相处，又看到父亲和母亲关系亲密，担心父亲把母亲抢走，所以对父亲产生敌意，又没机会学会如何去消化这种敌意。随着时间的流逝，孩子长大，理智上孩子知道父亲是爱自己的，可是潜意识中自己对父亲是有敌意的。因此无论父亲怎样亲近自己，孩子都会有意无意地疏远父亲，尤其是父母吵架时，父亲要抢走母亲的那种想法又会冒出来。所以每当父母吵架的时候，这位父亲会感觉到孩子对自己的敌意。

【教师支招】

为了让这位父亲能体验到正常的亲子之乐，可以考虑尝试以下方法。

1. 寻求专业人士的帮助

做心理咨询并不是说出现心理问题的时候才需要，对于那些心理上的困惑，在它们还没有发展成为真正的问题时给予及时关注和处理，这样才有助于孩子的健康成长及整个家庭的正常运行。为什么呢？从案例中可以看出，这个孩子虽然在学习上尽心尽力，跟同学也能友好相处，但实际上他并没有真正意义上的朋友，也就是说，他在学校跟班上同学的"友好相处"有可能只是理智上觉得需要这样跟大家相处，并不是发自内心地希望能跟大家有情感上的交流，也可能是他能感受到同学们的友好，但自己内心深处总有一种感觉，他们会抢走我某样东西，他们这样做是有目的的，长时间这样充满矛盾的强迫性重复使得他不能跟大家走得太近，刻意跟大家保持距离。这其实与他跟父亲的相处方式非常相似。青春期的大多数孩子是跟家里人关系不好，却跟同学有较多情感上的交流，同学的情谊可以缓解跟家人相处的不愉快。涉及这类情况，需要从孩子的成长经历入手，在咨询师的带领下，让孩子重新看到自己成长中的那些"结"，并在咨询师的指导下以新的方式去解读，只有等孩子看到这些改变才有可能发生。

2. 帮父子创造相互了解的机会

在整个案例中呈现出的是孩子跟母亲关系比较亲密。好的母子关系对孩子的成长是有益的，但这里也需要注意在这个家庭中是否存在过分亲密的母子关系。如果是这样没有界限的关系，可能会以爱的名义剥夺孩子尝试新事物的机会，同时以关系好的名义满足某些母亲的无意识需求。正因为如此，母亲没有意识到自己对孩子的这份依赖一定程度上成为父亲靠拢孩子的绊脚石。母亲怎么做呢？母亲可以有意识地跟孩子讲父亲是一个什么样的人，比如，父亲对家庭的付出和担当，在家庭日常生活中经常表达对丈夫的欣赏和感激，丈夫的生日、父亲节等节日可以带着孩子一起给丈夫一些仪式感的东西，假期或者周末可以组织"兄弟日"让父亲和孩子一对一单独相处，帮父亲和孩子创造相互了解的机会。很重要的是，母亲要厘清自己的内心需求，不该孩子承担的部分要自己去满足，比如，很喜欢被依赖的感觉，成长中是否有对被肯定和被欣赏的未完成事件等，这些需要母亲自己去做功课。

3. 父亲要发挥榜样示范的作用

父亲想跟孩子亲近，这种需要是正常的，可以理解的。但是需要知道的是：关系一定是双向的，需要看到对方真正的需要并适当地满足才是关系良性发展的催化剂，如果只是看到自己的需要，或者只是以自己认为的为对方好的方式去付出，那最终可能是一厢情愿地自我感动。亲子关系也是如此。因此，案例中这位父亲的确没有在学业上给予孩子太多的压力，但是学习只是孩子生活中的一部分，从马斯洛的需要层次理论来看，人在满足了基本的温饱和安全需求之后会渴望更高层的需求，比如，被尊重、被肯定、被接纳以及自我实现的需要等。所以，父亲应该思考自己在跟孩子相处的过程中，除了学业上没有给孩子压力，是否真的了解孩子的内心需要并给予适当的满足。这样可以让孩子感觉到父亲是愿意主动了解自己的。否则，很可能会给孩子传递一种信息：我的父亲是高高在上的，他虽然不在学习上要求我必须要怎样，但他说话的感觉是施舍，意思就是我都没有给你学习的压力了，你还不感激我？孩子要的肯定不是这个，他要的是父亲的理解和尊重。另外，父亲还要努力经营夫妻关系，更多地尊重自己的妻子，减少争吵的频率。

【知识拓展】

传统精神分析认为，儿童对同性父母的敌视，对异性父母的依赖就是俄狄浦斯情结，也就是常说的恋父或恋母情结。无论是"恋父"还是"恋母"都是孩子成长中一个正常发展的阶段，关键是当孩子发展到这个阶段的时候，父母是否有意识地给予恰当的帮助使得孩子顺利完成这个阶段的心理发展任务，而不是让孩子的正常发展最后变成一种带有病理性的情结。

在弗洛伊德看来，儿童对同性父母的敌对情感和对异性父母依赖情感的出现在儿童成长中具有重要意义，在这之前儿童和父母处于共生状态，他们的情感是指向自己的。对同性父母敌对情感的出现就标志着儿童的情感开始从指向自己发展到指向他人，客体依恋关系出现。若这一时期没有出现稳定的"他恋"对象，父母对孩子的爱没有回应，那么可能的危险就是孩子会收回对父母的爱，转向自己，最终发展出不健康的"自恋"，丧失爱他人的能力。因此，在儿童发展到3~5岁的时候，父母要跟孩子积极互动，敏感地回应孩子发出的信号。异性父母适当地与孩子保持距离，让同性父母有机会更多地参与到孩子的养育中，帮助他们有机会互动，进而在互动中培养感情。

【心法一诀】

爱孩子是给予孩子想要的，而不是只给自己想给的。

张晓露，深圳市第二实验学校心理教师，国家二级心理咨询师，家庭教育指导师。

优秀的孩子要有一个好爸爸

【父母心声】

我是一名八年级学生的家长,孩子叫小明。小明最近成绩直线下降,老师打电话说他在课堂上注意力不集中,课间时经常独自一人,与老师同学交流较少,表现出沮丧、焦虑、厌学情绪,甚至产生辍学的念头。妈妈和他交流了,孩子要么什么也不说,要么就发脾气、顶嘴。我给他打电话,说不了两句,孩子要么就暴跳如雷,还说什么"你有什么资格管我"之类的话,我的心都碎了。

我长年在外打工,和孩子一年见不了几面,对孩子和妻子也有太多亏欠,我感到内疚和无奈,但也希望能够得到家人的理解和支持。我的工作压力也大,经常加班,尽管我无法经常陪伴家人,但内心深处依然深爱着家庭和孩子,我也渴望能够找到一种平衡,既能履行工作职责,又能尽到家庭责任。我也希望与妻子共同承担家庭责任,共同为孩子的成长付出努力,希望婚姻关系能够稳固和谐,为家庭创造一个温馨、幸福的氛围,但他们都不理解我,我是有苦说不出。

我想尽量给孩子创造好的物质条件,可是孩子现在和我关系非常紧张,妻子也指责我对孩子关心太少,都是因为我,孩子才变成这样。

【现象扫描】

从小明爸爸的描述中我们看到，在这个家庭中父亲是缺位的。"父亲的缺位"在家庭教育中是一个值得深入探讨的话题，它通常指的是父亲在孩子的成长和教育过程中参与度不足或角色缺失的现象。专家们从部分调研报告"主要承担教育孩子的家庭成员是谁"的问题进行了调查问卷，结果显示，由父母双方共同承担教育孩子责任的家庭比例只有28.1%，而有46.4%的家庭属于"丧偶式育儿"，主要是由母亲承担的，像小明父亲的缺位现象实际是中国多个家庭的缩影，主要表现在陪伴时间上的缺失、亲子情感上的疏离、家庭教育角色的缺失。

原因主要有：男人的工作压力；中国社会的传统观念；性别身份导致缺乏沟通技巧；父亲和孩子的情感链接被切断——"游离性"父亲和"控制性"母亲；学校教育的不平衡——家庭之外的"父亲缺位"。

父亲的缺位会给孩子的发展带来诸多不良影响：智力发展受阻；人际关系交往障碍；性格叛逆和缺乏规划；家庭关系紧张；行为问题增加；性别认同和角色模糊；影响学业和职业发展；危害社会等，父亲的缺位可能增加社会犯罪率和青少年问题的发生，导致孩子缺乏监管和纪律，容易陷入不良行为和社会问题中。

【教师支招】

为了孩子的健康成长，家庭、社会都应该共同努力，确保父亲能够充分参与孩子的成长和教育过程中。面对"父亲缺位"的现象，作为班主任教师（心理健康教师），我们可以采取以下策略。

1. 明确问题并识别原因

班主任需要观察并识别出学生家庭中父亲缺位的问题，以此辨别学生呈现的问题。这可能表现为学生在校期间缺乏自信、情绪波动大或学习成绩下滑等。

通过与学生和母亲的沟通，了解父亲缺位的具体原因，如工作繁忙、缺乏家庭责任感、沟通障碍等，以便找到帮助学生的有效方法。

2. 建立有效沟通渠道

班主任可以主动与父亲建立定期沟通机制，如定期的家访、电话、微信或邮件等，及时向父亲反馈孩子在学校的表现、进步与问题，以及需要家长配合的教育方面。

邀请父亲参与学校的各类活动，如亲子活动、志愿服务等，增进父子之间的感情，同时让父亲更深入地了解学校的教育工作。

3. 提供具体的家庭教育指导

班主任可以建议父亲参与一些符合孩子年龄特点的户外活动，如户外运动、户外探险等，让孩子在父亲的陪伴下锻炼身体、增长见识。

推荐父亲与孩子共同参与亲子沟通活动，如"星空下的漫步""职场体验"等，增强父子之间的情感交流，促进相互理解。

指导学生家长制订家庭计划，确保父亲有足够的时间陪伴孩子。鼓励父亲在家庭中承担更多的责任，照顾孩子的日常生活、辅导孩子的学习等；利用节假日、业余时间多带孩子参加有益的社会活动，培养父子之间深厚的感情，如早起为孩子做早餐、周末为家人做美食等日常活动也是父亲陪伴的好方式，以增强他们的责任感和参与度。如果实在因为现实条件限制不能陪伴家人，也可以利用网络多和孩子沟通，及时关注孩子的情感需求，倾听孩子心声。

4. 关注父亲的情绪和压力

班主任在与父亲沟通时，要耐心倾听他们的想法和困惑，理解他们的压力和挑战。如果发现父亲在教育中遇到困难和问题，可以引导他们寻求专业的心理或教育咨询服务。

针对父亲在家庭教育中的困惑和压力，班主任可以提供一些建议和支持，班主任可以向父亲提供一些实用的家庭教育知识、方法和资源，如书籍、讲座、在线课程等，帮助父亲了解家庭教育的最新理念和技巧。引导母亲和其他家庭成员给予父亲充分的支持和理解，鼓励他们积极参与家庭教育，共同为孩子的成长付出努力，形成互补的"双系抚育"共同抚养模式。

5. 建立家校合作机制

班主任可以与父亲共同制订一份家庭教育合作计划，明确双方在教育中的责任和角色，以及具体的实施步骤和时间表，并定期对合作计划进行评估和反馈，了解计划的实施情况和效果，并根据实际情况进行调整和优化。

学校应增强服务意识，班主任可以配合学校心理健康教师（家庭教育指导师）对父母进行科学育儿的指导培训。建议家长学校中设立专门针对父亲的课程，普及育儿知识，提高父亲的知识储备和教育水平。对于有特殊技能专业知识的父亲，可以利用班级微信群分享育儿经验，在同辈支持中汲取启示，提升自己的教育能力，强调父亲们在孩子成长中的不可或缺性，激发父亲的参与热情。

定期举办家长会，邀请父亲参加，让他们了解学校的教育理念和计划，以及学生在学校的整体情况。在家长会上，可以安排专门的环节，让父亲们分享自己的家庭教育经验和心得，促进彼此之间的交流和学习。

通过以上策略的实施，班主任可以有效地指导缺位的父亲参与家庭教育，提高家庭教育的质量和效果，为学生的健康成长和全面发展提供有力的支持。同时，这也需要班主任具备高度的责任心和耐心，与父亲建立真诚、有效的合作关系。

【知识拓展】

"父亲缺位"的家庭教育造成的，不仅是孩子自身成长发展的缺陷，也是对家庭中亲密关系和社会和谐稳定的挑战。父亲必须对自身有着明确的角色认知和角色定位。为了应对父亲缺位带来的问题，父母双方可以加强沟通、理解和支持。例如，制订家庭共同育儿计划、分配家务劳动、共同参与孩子的教育等。同时，学校和社会也应该加强对家庭教育的关注和支持，为父母提供更多的帮助和资源。

我们期待看到更多的研究和实践能够关注"父亲缺位"问题，并探索出更多有效的解决策略。同时，我们也呼吁社会各界能够给予这一问题更多的关注和支持，共同为孩子们营造一个更加健康、和谐、完整的家庭环境。只有这样，我们才能真正实现家庭教育的目标，培养出更多有责任感、有爱心、有能力的下一代。

【心法一诀】

家庭教育从来不是某一方的责任，而是父母双方一场爱的"合谋"，父亲和母亲都是孩子生命中最重要的人。让我们共同努力，为孩子们创造一个更加美好的未来！

李嫄，原湖北省十堰市房县第一高级中学历史教师，现房县教师服务中心理健康教研员，房县心理健康名师工作室主持人。

父母缺位对孩子成长的影响有多大

【父母心声】

我是一名初三学生的家长。最近我的孩子经常请假不去学校，刚开始我们以为是因为作业没有完成孩子担心受到老师的批评，所以不敢去上学。所以我们主动跟老师联系讲明了情况，老师同意近期不催他交作业。孩子又说担心同学和老师会因此对自己有偏见。老师也多次找孩子谈话，想消除他的顾虑。可他去了半天就再也不去了。如果我们再多说几句，孩子就会非常暴躁地说："你们早不管我，现在才想起来管，晚了！你们除了叫我学习还会叫我干什么？你们懂我吗？"听到这些话，我们很震惊也很痛心，没想到这么多年过去了孩子心里还压着这件事。

我和孩子爸爸都是普通的打工人。早些年由于条件不允许，所以小学之前孩子就一直在老家跟外婆一起生活，上了初中后才回到我们身边。说实话，我们就是担心孩子不在身边，长大了跟我们没有感情，所以平时再忙也会跟孩子联系。虽然我们也感觉到孩子跟我们之间还是有些生疏，想着自小不在身边长大，孩子可能有些怕生，也就没多想。接孩子到身边后，为了弥补之前的欠缺，我们总是尽量去满足孩子的需要，孩子除了不太愿意跟我们说心事外，其他总体都还可以。没想到这次孩子却爆发出来，过去的事情已经没有办法回去了，怎么办？

【现象扫描】

一个正在初三节骨眼上的孩子说不上学就不上，家长的着急焦虑是可以理解的。从这个案例来看导致孩子不上学的原因可能有以下几方面。

第一，从学习的角度来看。升学压力仅是导致孩子不上学的诱因，初三的孩子有升学压力，这很正常，但因为一次没完成作业就不再上学，即使老师已经说没完成的作业可以不用再补，也答应不会在班上公开此事的情况下还坚持不来去，这说明学习的问题只是表层原因。

第二，从养育的角度看。不当的养育方式是导致孩子不上学的重要原因。家长为了弥补之前孩子不在身边的亏欠，采用过度补偿的方式来养育孩子，这种方式容易溺爱纵容孩子，让孩子在成长中心安理得地享受父母的"赎罪"，缺乏规则感和斗志。

第三，从孩子的成长经历来看。父母的缺位及其影响才是导致孩子不上学的根本原因。父母缺位的孩子心理容易缺乏安全感，自我放弃，在情绪、品德、性格、学习等方面表现出问题人数的比例较高。

【教师支招】

这个案例表面看是孩子不上学的问题，但深层次原因却是养育中父母缺位产生的问题。

1. 重新梳理过去，缓解父母的愧疚感

尽管过去的事情的确没有办法重新来过，但也需要理解父母当时把孩子留在老家的确是不得已而为之，也是根据当时家里的情况综合分析利弊后的选择。也许孩子没有感受到更多父母在身边的温暖，但如果孩子放在自己身边，或许夫妻俩忙于工作，可能会疏于对孩子的管教，或照顾不到位等。没有完美的选择，只有根据当时的情况利大于弊的选择。从这个角度看，案例中的父母其实是做到这点的。因此，父母需要重新去梳理当时的选择，坚定自己当时的选择是对孩子好的选择，这样才能减缓自己的愧疚感，从而才能用更理智的方式养育孩子，而不是因为愧疚而宠溺孩子，从而真正影响孩子的健康成长。

2. 倾听孩子的心声，化解孩子的心结

从个案来看，孩子小时候被放在老家，这是大家都知道的事，但没有人愿意或者没有人尝试去认真地谈论一次这事。尽管不谈论，但是这件事的影响一直都在。所以，家长需要精心策划一次深度对话的机会。需要注意的是在这次谈话中对孩子说的话要做到：不解释、不评价，倾听就好。可以用这样的方式进行："儿子（女儿），听到你那天说我们在你小的时候不管你，现在才管你，爸爸妈妈很震惊也很痛心。这么多年过去了，我们家没有就这件事认真谈论过一次，这些年我们看到你能正常上学、生活，以为这件事对你没有什么影响，就逐渐不去想了。很抱歉，这是爸爸妈妈的疏忽。不管怎样小时候选择把你放在老家的确让你承受了很多。今天爸爸妈妈想跟你好好聊聊这件事……"这个过程主要是让孩子倾诉，让孩子的情绪得到释放。如果觉得当面谈有些困难，家长也可以提前把想说的内容写下来，念给孩子听。这个过程家长要真诚，让自己的情感真实地流动。只有感受到家长的真诚，孩子才可能打开心扉，说出自己的心里话，也才可能把心结化解掉。

3. 调整不当的养育方式，变溺爱为民主

青春期的孩子正是自我同一性建立的关键时期，他们需要通过外界的反馈来探索我是谁的系列问题，其中很重要的一点是建立自我边界。通过对自我边界的探索，个体可以获得能力感、成就感和掌控感。如果家长一味地宠溺会增加孩子的无力感，培养他们的低自我价值感。个案中的孩子遇到升学的压力时，内心没有去积极面对的力量，对升学，对未来的焦虑、担忧和恐惧最终诱发了之前积累的情绪。青春期的孩子渴望参与，渴望被看见，但是由于年龄等方面的原因，他们考虑问题往往不全面。所以父母要适当地放权，涉及孩子的事情要多听听孩子的意见，培养孩子的自我管理能力，增加孩子的自我价值感。

4. 适当情感暴露，关注孩子的精神需求

个案中家长谈到把孩子接到身边后，孩子不太愿意跟家长说心里话，就是有心事了也不跟家长说。这可能是因为父母长期不在身边，遇到事情没有养成向父母倾诉的习惯。父母也因为孩子的生活是正常运行的也就没有想那么多。所以，父母要注重自己的身教，在家适当地暴露一下自己的情绪情感，比如，今天上班遇到了什么事情，心情怎样？后来是怎样解决的？如果可以，还可以对家人说说"谢谢你们，你们是我的精神支柱，是我强大的精神后盾"之类的话，让孩子知道一家人是可以相互吐露心声的，相互鼓励、相互支持的。

5. 多元评价，让学习不再是唯一

如果孩子的成长是一座大厦，想要这座大厦屹立不倒，那么支撑它的柱子得足够多、足够粗。因此孩子在成长中需要足够多的柱子支撑他的自信，只有这样才能抵御学习生活中的各种考验和变化。如果只有学习这一根柱子显然是不现实的。但是孩子不同于成人，他们对自己的评价较多依赖于父母、老师和同伴。所以父母需要在学习以外多跟孩子建几根柱子，可以是艺术的，可以是运动的，也可以是品德的。当家长能从多个角度看待孩子时，孩子才能更客观地看见自己，成为自己。

【知识拓展】

青春期的孩子正是自我意识高速发展的时期，他们渴望在家庭里有话语权，渴望和父母有更多精神层面的交流。从马斯洛的需求层次理论来看，孩子们的温饱问题解决后，更关注精神层面需求的满足，比如，被尊重的需要、有价值感的需要、归属感的需要等。所以，对这个年龄的孩子父母要多给予一些平等对话的机会，多给孩子一些发声的机会。同时，青春期的孩子也是身心发展快速变化的时期，他们内心会经历跌宕起伏和矛盾痛苦，这时候良好的亲子关系是支撑他们勇敢探索的力量。为此，养育青春期的孩子尤其需要关注亲子关系的建立和维系。怎样去建立良好的亲子关系呢？重要的一点是注意跟孩子的沟通方式。良好的亲子沟通可以帮助孩子梳理负面情绪，帮助孩子建立自我认同，帮助孩子提升抗挫能力。同时，沟通不仅仅是说了什么？关键是通，即通过"说"达成了什么目的？做到这点的关键是跟孩子沟通时要看到孩子的感受，接纳孩子的感受。

【心法一诀】

家庭的温暖、父母的关爱是孩子勇往直前的铠甲。

张晓露，深圳市第二实验学校心理教师，国家二级心理咨询师，家庭教育指导师。

引导孩子正确应对交友"危机"

【父母心声】

玲玲是一名初二女生,有一天自习课她在家长的陪同下来找心理老师。玲玲来找心理老师的原因是因为她觉得受到了好朋友的冷落,很难过,有委屈也有愤怒。原来玲玲在班上跟一位女生关系很好,她们小学就认识,都当彼此是自己的闺蜜、死党,而且彼此的家长也很熟悉。但上了初中之后,玲玲感觉到这个昔日的好友好像在慢慢疏远自己,有时候周末邀请她出去玩,她也经常说自己有事去不了,即使有时候出来了也显得特别不耐烦。玲玲也尝试跟对方交流过,想看看是不是自己做错了什么?但对方都说没什么,让她不要多想。初一时还好一点,到了初二就更明显了,玲玲说如果自己不找对方,对方可能都忘记了她的存在,甚至有时候会假装和别的同学说笑,没听见自己说话,或者没看见自己就走开了。家长也从各个方面跟孩子讲了很多道理,比如,班上那么多同学,这个同学不跟你玩了,你还可以跟别的人玩,这没什么大不了的,等等。可是道理说了一箩筐,孩子的情绪还是很受影响,最近还经常为此哭。

【现象扫描】

性别同一性的发展过程是个体社会化发展的重要组成部分,在这个过程中环境（同性群体和异性群体）的有效反馈，有助于个体从他人视角来认识自己、了解自己。从埃里克森的人格发展理论来看，性别同一性的发展在青春期性别角色发展中的中心任务就是获得性别角色的同一性，如果这个过程顺利完成，那么个体就会接纳自己生理上的性别并表现出符合社会文化期望的性别行为特征；如果这一过程发展受阻，那么个体的性别角色同一性的发展可能滞后，严重的会打心底不接纳自己的生理性别，表现出性取向错乱。个体在性别同一性发展过程中除了获得性别角色的同一性外，还伴随着自尊等其他心理品质的发展。在青少年时期，性别角色同一性成为了个体获得自尊的方式之一。对于青少年来说，能否融入群体、是否有朋友可能被当作个体是否有吸引力、有能力、是否受欢迎的标志，这些跟个体的自我评价有关。所以，如果一个人在班上想要有朋友却没有时，那么他除了要忍受孤独，可能还会承受低自尊感、无人际交往能力感等一系列感受带来的负面情绪。由此说来，能否被自己在意的人接纳对个体来说不仅仅是简单交友的问题，而是涉及自己的能力、自尊、是否有吸引力等个人价值感的问题，只有明白了这一点才能做出有针对性的辅导。

【教师支招】

女孩在同伴关系中更需要依恋和情感关注，她们比较在意自己在他人心目中的形象，关注自己是否受欢迎或被人尊重。女生之间的友谊更趋于情感性，希望朋友之间愉快相处，相处的愿望也会更强烈。也正是因为如此，女生在同伴交往中更容易出现情绪波动，也更容易受到人际关系的困扰。青春期女生容易出现小团体现象，这需要我们在处理的过程中注意。

1. 跟孩子建立信任关系

和孩子建立信任关系是基础和前提，没有信任关系作为基础，后续的工作会因无法触及核心问题而停留在面上。我们可以这样跟孩子说："感谢你信任我，告诉我这些事。你看起来真的很伤心，我们一起来看看可以做点什么？"这个阶段以倾听为主，"听"孩子的情绪，听孩子的想法，需注意自己的非语言信息，比如，眼神是否专注、语气是否恰当等。要知道非言语信息传递的信息更容易被他人捕捉和相信，因此在建立关系阶段尤其需要注意自己的非语言信息。

2. 了解孩子的真实情况

可以了解玲玲和这位朋友的交往历程，看看朋友是否曾经有过如今这些情况。如果有，询问玲玲当时的想法和解决方法是什么；如果没有，可以带领玲玲去看看她成长过程中对自己能力的评价以及她是如何看待自己的。这样做主要是基于这样的考虑：如果玲玲和朋友相处过程中曾经发生过矛盾，那么询问玲玲当时的处理方法，这样可以调动玲玲曾经的经验，增加玲玲解决当下问题的信心，为她赋能。如果玲玲说以前没有发生过矛盾，那么可以引导玲玲去探索，现在朋友这样对待自己的方式让她想到了什么？一般情况下，这个问题的落脚点都是孩子觉得自己没有能力，或者自己能力差，没有别的同学有魅力才留不住朋友。在这里又可以有两个思路：其一是衡量自己有能力的指标除了交朋友还可以有哪些？帮助孩子拓展衡量指标其实也就打破了孩子的思维僵局：我的好朋友离开我，意味着我没有能力，好像自己有没有能力的唯一评价标准只有这个人必须要一直是我的好朋友。协助孩子看到自己身上其他的亮点，从而不再把眼光局限于此，拓展评价自己的维度。其二是引导玲玲看到初中的环境和小学的环境（学习环境、人际环境）有什么不一样，自己和同学上了初中后跟小学有哪些变化，面对这些变化，自己采用了哪些跟以前不一样的处理方式？一般情况下孩子们几乎都会注意到环境的变化，只是无意识地还是沿用旧方法，没有及时采用新的应对办法，或者说在自己储备库中的方法已经用完，不知道哪些新方法。不管是哪一种情况，只要和孩子一起探索就可以找到针对性的处理方式。

3. 跟孩子聊聊人际界限

不管是哪种感情，自己都应该是可以自我负责的独立个体，不能让对方为自己的情绪负责，比如，"自己不开心需要朋友安慰时，自己不说，等朋友主动发现，如果朋友能主动发现就证明朋友在乎自己，自己是有价值的，反之，就是朋友不重视自己，自己是没有价值的"，这种想法是不对的。朋友之间应该是亲密有间的，但如果一方太过依赖于另一方，要求对方时刻关注自己的情绪变化和内在需求，这不仅不现实而且还对对方不公平，也会给对方带来很大的压力，时间久了，再好的关系也会出现裂缝。同时这个界限不是固定的，是随着年龄、所处环境的变化而变化的，需要大家不断去磨合，找到当下适合两个人的距离。

4. 给足孩子安全感

家长在日常跟孩子相处过程中，要多鼓励和肯定孩子，增加孩子的自尊感和价值感。一个自我价值感高的孩子不会因为一次朋友的拒绝而对自己进行全盘否定；家长在养育的过程中要注意营造温馨的亲子关系，给足孩子安全感，安全感高的孩子不害怕被拒绝，因为他们知道家是他坚强的后盾。

【知识拓展】

同伴拒绝是个体社会性发展中的重要问题，不仅会影响个体当时的同伴关系、情绪体验，还会影响他们日后的社会适应。但是，研究发现被同伴拒绝不会随环境的改变而改变，即使被拒绝的原因改变了，但被拒绝的地位依旧。于是，较多的研究把视线放到个体的特质身上去探索个体被同伴拒绝的原因。已有研究发现个体对被拒绝的解释，不同的社会行为倾向，母亲拒绝等原因能较好预测个体的同伴拒绝。因此，根据这些研究的结果，家庭在培养孩子的过程中要知道同伴交往对孩子健康发展的重要性和同伴拒绝对孩子健康成长的破坏性，同时也要明白孩子成长中遭遇同伴拒绝很正常，但引导的重点不在外部而在内部，比如，我们要引导孩子对同伴拒绝合理归因，全部否定自己或同伴都是不利于孩子健康成长的，引导孩子发展积极的同伴交往行为而不是高攻击性的行为，同时在家庭中母亲要慎重拒绝孩子，以不伤害孩子发展为原则。

【心法一诀】

被拒绝不可怕，可怕的是过度害怕被拒绝。回避只是暂时缓解疼痛，直面虽痛但却带来成长。

张晓露，深圳市第二实验学校心理教师，国家二级心理咨询师，家庭教育指导师。

帮助孩子建立良好的同伴关系

【父母心声】

班主任的一通电话，让我不得不对孩子小凡的同伴关系感到担忧：孩子在宿舍与同学相处不融洽，遭到了同学的投诉，起因是孩子洗澡时，未经同意就使用了舍友的洗发水，自己睡在上铺却把衣服随意放在了下铺的床上，导致宿舍的同学对孩子有了意见。

其实，这种事情已经不是第一次了，我也并不意外，刚进入高中时，身为化学科代表的他，在布置作业时，竟然在黑板上老师布置不用写的题目旁多加了一句话：XX题不用写，反正你们也不会，结果引起同学们的公愤。知道此事后，我狠狠地批评和教育孩子，孩子却委屈地说："我就是说表面的意思呀，我也不会啊。"听到孩子的回答后，我更是欲哭无泪。

上面的两件事，都在反映我家孩子在同伴关系上的问题。其实，我家孩子还是想多结交朋友的。上了高二后，孩子就加入了学校的动漫社。但是，前段时间上课时，孩子掏出了和社友们互换的动漫书来看，被老师抓个正着。为此，我和孩子妈妈下了通牒，如果再因为这样的事情影响学习，那就减少社团活动，由我出面强制退社。现在孩子上课看动漫的事情还没完，这又闹出了宿舍矛盾。自从家里的二宝出生后，我们确实疏忽了对小凡的教育。现在小凡这样的情况，我们很着急，都已考虑是否要让孩子申请走读了。我该怎样去帮助孩子建立良好的同伴关系呢？

【现象扫描】

无论是在宿舍，还是班级、社团，孩子在同伴交往上确实让家长担心。通过描述，可以得知小凡在同伴交往上遇到困难的原因主要有以下几点。

首先，缺乏边界感。人际边界感是意识到"自我"与"他人"的能力。文中小凡未经同意使用他人洗发水并将衣服放在他人床上，是没有意识到他人物品与自我物品的区别，没意识到宿舍与家的区别，这是缺乏边界感的体现。这对于要过集体生活的寄宿制高中生来说，确实是人际交往的大忌。

其次，心理年龄与生理年龄的"错位"。以黑板事件为例，孩子受批评后的错愕和委屈，表明其不是有意犯错，而是未意识到行为不妥，它提醒我们——虽然孩子已经16岁，但心理年龄较为低幼，呈现心理与生理年龄的错位。这在一定程度上与小凡十几年独宠父母之爱有关，加之二宝年龄较小，那么，父母是否不经意间将培育幼儿的方式又继续存留在小凡身上呢？

最后，行为习惯未养成。孩子在宿舍、班级中交往受挫，在动漫社获得交往的满足感，却由于自控能力差，在课堂上翻看动漫书违反纪律。相信，这是很多小孩的通病，家长不用太担心，不必过度干预孩子与社员的交往。毕竟，在这儿小凡找到了同伴，这是建立同伴关系的突破口，在孩子遭遇成长性危机之时，同伴关系就会成为有力的支持系统。

【教师支招】

作为父母,应该如何帮助孩子去建立良好的同伴关系呢?

1. 从小事做起,逐步建立边界感

上述案例中,小凡因边界感缺失与同伴关系不佳,这与成长环境息息相关,在二宝出生之前的十几年,他都是享有独生子女的待遇,带有以自我为中心的特征。再加之家里的二宝出生后,父母的注意力有可能转移到年纪较小的二宝身上,对已上高中的小凡会缺乏足够的关注。

因此,家长就要帮助孩子逐步建立边界感,培养孩子换位思考的能力,教会孩子尊重他人、学会分享,教给他们化解同伴交往中发生矛盾和冲突时的方法。例如,针对宿舍中的同伴关系,家长教导孩子要明确物品的归属,在家区分好家中二宝与小凡的物品,从日常强化"谁的物品谁有支配权、使用权"的意识;针对宿舍的事件,可以教育孩子要学会向舍友解释自己的不当行为,并针对不当行为致歉;在日常中,家长可以购买一些饼干、糖果等小零食,嘱咐孩子与宿舍的同学分享。从这些小事出发,慢慢地引导孩子明确人与人之间的界限,学会与同伴相处。

2. 在家校协力下催化内心的成长

针对孩子内心成长的问题,无论是在家庭中,还是在校园里,家长都应该让小凡在家校合作之下得到相应的锻炼。在家庭中,父母可以强化小凡哥哥的身份,让他承担作为年长孩子的责任。譬如,可以在周末或放假的时候,家长让小凡承担起晚上给二宝读故事书的任务,或者利用爬山等户外郊游的机会,适当地让小凡像父母一样学会策划路线。总而言之,也就是将原本家庭中父母承担的一些小家务适量地让孩子去体验,以增强孩子的责任感。

学校更应该是孩子成长的主舞台。家长要积极主动地联系班主任,委托老师适当将一些班级任务交给小凡,促进他与同学之间的合作,鼓励孩子参与群体活动。建议从简单的劳动开始,例如,在安排值日时,尽量分派与他人协作的扫地、拖地等诸如此类的工作。等到了一定的阶段,可以让孩子帮助老师制定布置考场的任务分工,或者是承担班级某项活动的小组长工作。值得一提的是,既然小凡是班级的化学科代表,那么这项班干部的工作其实是能让孩子与同伴关系转好的催化剂。此时,家长可以联系对应的学科老师,请老师督促孩子在收发、布置作业上更认真和用心,同时也教育孩子可以利用自己的学科优势,帮助同学学习化学。这样一来,在增强孩子自我效能感的同时,还能拉近与同学的关系。可以说,学校的各项活动,都是孩子成长、建立良好同伴关系的契机。特别是在寄宿制高中,日常活动丰富多彩,与同伴相处的机会多,理应利用好这些机会,让孩子学会与同伴协作,而不是马上做出走读的逃避决定。相信久而久之,借助家校合力,增强同伴协作,小凡必定会有所成长。

3. 以兴趣为突破口结交同伴

知名心理学者李雪曾说:"一个身体只能承受一个灵魂,如果父母的控制密不透风,孩子实际上已经精神死亡。"上课看动漫,确实有违课堂纪律,但这并不意味着家长可以对孩子的交往过度干涉,而且喜欢动漫,也是一个正常的兴趣爱好,理应得到理解和尊重。可以明显地看到,案例中的小凡好不容易在动漫社中找到了朋友,有了一个同伴关系正常的圈子,父母应该顺应孩子,让孩子以兴趣作为突破口去建立自己的同伴关系。针对课堂发生的事件,家长可以条分缕析,课堂看书的不良行为不仅要批评,还要落到实处——可以尝试和孩子做好约定，做好诸如只能在课间或周末看课外书的约定，制定违反的惩戒手段等。做好以上规范孩子行为的举措，相信孩子会慢慢从小圈子中收获志同道合的同伴，继而发展更多的交友小圈子。

【知识拓展】

同伴关系对孩子来说至关重要。《论语》中有言："益者三友，损者三友。友直，友谅，友多闻，益矣。友便辟，友善柔，友便佞，损矣。"《儿童心理学》的作者英国心理学家鲁道夫·谢弗曾说过："同伴友谊对一个人的影响力很大，有些时候甚至超出父母的影响力。"为此，在孩子的成长过程中，我们务必要关注孩子的同伴交往和同伴友谊，引导孩子学会建立和处理同伴关系。与此同时，我国著名家庭教育专家孙云晓教授也曾说："如果你的孩子没有朋友，比他考试不及格还要严重。"可以想见，考试只是孩子在学习领域强弱的体现，而朋友则是孩子走出校园、走向社会，由自然人变为一个社会人，完成社会化过程的重要一环，儿童的社会化是离不开同伴交往的。支持孩子交朋友，引导孩子交到益友，是父母终生无法绕过的课题。

【心法一诀】

卡耐基曾说："一个人成功30%靠才能，70%靠人际关系。"父母应该帮助孩子们建立良好的同伴关系、人际关系，并身体力行地教育。

何玉明，深圳第二外国语学校语文教师，获全国文章杯下水作文比赛一等奖。

帮助孩子建立良好的师生关系

【父母心声】

我家孩子轩轩进入初中半年了,变化很大,孩子小学时的数学测试很难及格,但到了初中,突然爱上了数学,每天晚上回来都积极地完成数学作业,分数也从50多分提升到80多分,每天回来都说着数学课的趣事,说着数学老师的好,说数学老师总是表扬他。而英语却不尽如人意,小学时孩子的英语在班级总是名列前茅,但到了初中,上英语课也常常不认真听讲,不写英语作业,甚至在英语课本上写着"学英语死全家"的极端言论。英语老师在班里多次提醒他、批评他,他大发脾气,认为英语老师针对他。现在一提到英语老师,整个人就充满了抗拒心理,大有和英语老师斗争到底的决心。

现在我们找了辅导机构给孩子辅导英语,孩子也和我们说他想努力考公办高中,但就是不想跟着学校的英语老师学习。我们平常工作也比较忙,没有及时关注孩子的情况,现在也很焦虑,该怎么办呢?

【现象扫描】

刚刚步入初中的轩轩正处于青春期,面临着新的环境、新的老师,孩子需要一定的时间去适应。良好的师生关系会引发好的教育,而师生关系不融洽对孩子的影响,值得我们深刻思考。作为家长我们要及时关注孩子的情绪变化，及时做到情绪疏导。

（1）从家长的角度来看，因为初中开始便有了升学压力，家长会有些焦虑，过分地关注成绩而不是孩子本身。在这个时候家长更担心因为和英语老师的师生关系问题导致孩子成绩退步，比较少地思考孩子在这个过程中可能产生的心理变化，也很少思考师生之间发生冲突的主要原因。同时家长因为工作原因，比较忙碌，很少对孩子进行陪伴与倾听，导致发现问题的后置性。

（2）从孩子的角度来看，初中的孩子很在意身边的人对他的评价与看法，同时自尊心特别强，也期待老师和家长对他的表扬与鼓励。相对于小学的学习来说，孩子在数学方面取得了特别大的进步，在数学老师的帮助下，激发了孩子的学习内驱力，成绩也更上一层楼，极大提升了孩子的自我成就感。而英语老师的公开批评，让孩子感觉丢了面子，更让孩子感觉老师针对自己，所以对英语老师产生了极端情绪，做出了破罐子破摔的举动，因为没有很好地沟通和解决，所以师生关系变得更加恶化。

【教师支招】

为了让教育更好地发生，我们要学会关注孩子的情感发展和情感培养。很多时候，家长在家庭教育理念中还存在着教师为主体的主观性思维，更倾向于听老师说，很少与孩子进行有效沟通，多在转达老师对于孩子行为的"不满"问题。青春期的孩子存在着两极心理变化，既想得到家长的关心，又渴望成为一个独立的个体，因此，家长、老师要更加注重孩子的心理变化，发现孩子的闪光点。当然我们要引导孩子更好地将自己的想法表达出来，同时作为家长我们也要积极地和老师进行沟通，更好地进行家校合作。

1. 善于引导，进行有效沟通

轩轩内向且对喜欢的人热情，对不喜欢的人倔强，这可能是他个性的一部分。家长引导他学会表达情绪，而不是压抑或激烈反应，尝试着说"如果这样……会不会更好一点？"的商量式引导，也可以根据实际情况引导孩子进行选择性感受，这样会更加直观，例如："老师，我不喜欢你"可以尝试说"老师，如果你多鼓励下，我会更喜欢你"，在进行沟通的时候阐释自己的原因与条件，用商量式的语气，可以减少很多僵化的场面。

2. 学会倾听，冷静客观分析

当听到孩子对老师或者一些事情产生极端表达时，我们不要急于给出什么结论，默默倾听孩子的"吐槽"以及情绪发泄，也许他只是需要一个发泄口，将情绪进行宣泄。事后家长也要保持冷静，了解孩子与老师之间产生的问题，客观地分析师生的矛盾起因，再给予孩子一个合理化的建议。

3. 认可老师，为老师点赞

我们要在孩子面前给予老师肯定，让孩子了解老师的优秀。可以对老师的工作进行一些了解，再以第三方的口吻与孩子在一个轻松的环境下传达："听说你的老师是名校研究生啊，好厉害啊，她肯定有独特的学习方法""你们老师今天和妈妈说，你有很大的进步，上课的时候比之前认真了一些呢，你可真棒"……提升教师的威信，让孩子感受到老师对他的关心，潜移默化地引导孩子做出改变。

4. 关注个体，提升学习兴趣

兴趣是最好的老师，孩子喜欢数学，便提升了学习数学的兴趣，那么也可以寻找契机激发孩子学习英语的兴趣，带孩子看一场他喜欢的英文电影，在家里多哼唱英文歌曲，多带孩子去英语角与外国友人交流，也许会带给孩子不一样的精彩思维碰撞，引发孩子内心的兴趣，找寻孩子的自信。

5. 激励表扬，激发学习动机

引导孩子制定一个短期目标和长期目标，提前以游戏纸条的方式来进行，背默10个单词或者一篇课文，当背书比较流畅的时候，私下和老师沟通下，老师上课进行点名背诵，当孩子当着全班同学的面背诵下来，并受到老师的表扬后，可以更好地让孩子意识到努力学习的成果和意义，给孩子一个积极期待，可以更好地激发孩子的学习动机。

6. 接纳不同，适应新的环境

在孩子成长的过程中，会遇到很多人和事，我们要引导孩子学会接受一些不可选择或不可改变的事情。孩子无法选择出生、家庭，甚至在一定区域内的学校、老师和同学，既定的事情很难发生改变，要引导孩子学会接受。引导孩子接受已经发生的事情，要学会以平静的心态去适应生活、适应新的环境，迎接各种挑战与困难。在孩子遇到困难的时候，和孩子一起复盘，一起反思问题产生的原因，陪伴孩子一起努力找寻解决困难的方法，感受解决问题的成就感。引导孩子相信困难往往与机遇并存，当解决了这个问题之后，将会有更大的惊喜等在后面。

【知识拓展】

罗森塔尔效应，亦称"皮格马利翁效应"或"人际期待效应"，指人们基于对某种情境的知觉而形成的期望或预言，会使该情境产生适应这一期望或预言的效应。简而言之，你期望什么，你就会得到什么。只要充满自信的期待，只要真的相信事情会顺利进行，事情一定会顺利进行；相反，如果你相信事情会不断地受到阻力，这些阻力就会产生。

罗森塔尔效应展示的其实是一种"所愿皆所得"的现象。我们在日常生活中，也可以多给予自己、身边人积极的心理暗示，这种自我产生的期望会投射到他人对自身的看法之中，从而促成一条良性的关系链。

同时，我们也要学会赞美他人。赞美、信任和期待具有一种能量，它能改变人的行为，当一个人获得另一个人的信任、赞美时，他便感觉获得了社会支持，变得更自信，更有自尊，获得一种积极向上的动力。

【心法一诀】

苏联教育家凯洛夫说："感情有着极大的鼓舞力量，因此，它是一切道德行为的重要前提。"好的师生关系能更好地促进学生的品德、学业等方面的进步。

徐井娜，深圳市云端学校数学主讲教师，深圳市优秀教师，深圳市在线教育先进教师。

打破沟通壁垒，重建父子关系

【父母心声】

我的儿子志轩今年高三，但我感觉自己可能比儿子还要焦虑和烦恼。

我的孩子初中时学习很自觉，成绩也很优秀。那时他使用手机定时定量，虽然经历网课学习，但他仍然顺利考进了名牌高中。

后来我工作忙，疏于关心他的学习情况，但我一直以为他仍然自律，仍然成绩好。直到有一天接到他班主任的电话，反馈孩子的问题：精神状态不好，上课常打瞌睡，导致学习成绩下降；情绪暴躁，学习时经常各种抱怨；有时甚至不跟老师打招呼，就自己离开教室。这对我来说犹如晴天霹雳，当头一击。

每当我接到老师反馈后尝试跟他沟通时，他总觉得我很啰嗦，都是不耐烦地说能处理好这些事情。但实际上他只是在应付我而已，情况没有任何改善。从班主任的多次来电中，我深深地感觉到问题的严重性。

随后，我发现了更严重的问题，孩子除了用手机通宵玩游戏刷直播，还打赏送礼物，完全沉溺于虚拟世界中，这让我更加焦虑。我多次尝试沟通，但始终无果。孩子的问题没有解决，父子关系反而日益紧张，我感觉有心无力，也非常痛苦，既担心他的学习和高考，又害怕因我的教育方法不当，让他做出过激行为。

我该怎么做，才能够处理好父子关系，帮助他顺利发展学业？

【现象扫描】

看到儿子在学习、心理与行为等方面在高三前后的变化，作为父亲确实会焦虑。该同学从心态阳光到心理问题交织、从学习自觉到手机上瘾、从成绩优异到成绩退步，青春期的多种问题较为集中反映在孩子身上。

首先，从家长角度看。其一，家长缺乏关注孩子成长的需求。根据马斯洛需求层次理论，孩子有对家庭的归属感、安全感需求。这个阶段父亲忽略了陪伴孩子，孩子有价值实现的心理需求，却得不到老师和家长的助力。其二，父子之间缺乏有效沟通，虽然父亲尝试批评、沟通、鼓励，但并未真正与孩子共情，没有从孩子的需求出发解决问题，没有"与孩子的感受产生共鸣"。

其次，从孩子角度看。其一，孩子的身心发展不平衡，没有良好的情绪管理能力。青春期孩子的成长不仅身体发育快，情绪情感也在急剧变化中，接纳自己和自主管理也是这阶段发展的任务，学会客观分析成败得失的原因，不能只从外部环境归因，多从自我归因。其二，孩子的行为管理能力比较欠缺。孩子擅自离班，反映其纪律意识淡薄；孩子沉溺虚拟世界，是缺乏现实关怀。

不过也不用过于担心，这是一个发展性和阶段性的问题，是青春期孩子容易出现的普遍性问题。

【教师支招】

培养孩子的情绪与行为管理能力，转变学习态度，父亲可以做很多。

1. 通过共情用心陪伴

青春期孩子的情感和心理变化较大，逐渐以自我为中心，有时会厌学，有时会迷茫。我们既不能抱怨孩子，又无须过于自责。作为父亲，需要接纳孩子的一切，包括坏情绪。所谓"同理"就是带着尊重来理解他人，先与孩子共情，接纳和理解孩子遇到的事情和抱怨，表达对孩子的关心，让志轩讲一讲自己的表现和打算，让孩子恢复自尊和自信，让孩子感受到家长的耐心倾听和真心关注，家长再和孩子一起分析问题和解决问题，避免直接讲道理。孩子在成长，成人意识在增强，他需要得到家长的认可，但是由于缺乏的情绪调节能力，还需要家长引导。对于孩子爆发的坏情绪，家长保持足够的耐心和包容，比如，拥抱、抚摸或者默默地等待。当孩子的情绪平静下来后，了解孩子产生坏情绪的原因，跟孩子探讨表达情绪的正确方式，并让孩子按照正确的方式表达，并向孩子表达明确清晰的信息：父亲喜欢他这样做。

家长加强陪伴，关注孩子成长的需求。孩子有对家庭的归属感、安全感需求，孩子在成长过程中缺乏父亲陪伴，容易导致孩子缺乏勇气，性格孤僻，情绪不稳定等问题。案例中志轩初中成绩好，但是家长在初中阶段和高中阶段对孩子学习与心理关注过少，孩子在面对多重压力的时候可能没有做好心理调试，这些问题长久积累导致了心理抑郁和学习焦虑。"哪怕世界上所有人都不信任我，父母也会相信我"，父母能这样坚定地信赖子女，孩子就可以发展出对世界和他人的信任感。到了高三阶段，孩子长时间在校，多跟老师和孩子沟通，及时帮助孩子。此外，到周末，家长可以去接孩子，多一些陪伴，孩子心情愉悦时，就是了解其学习和生活的好时机。

2. 通过对话耐心引导

与孩子平等对话，将对话作为沟通手段。高中孩子处于青春期阶段，成人意识和独立意识增强，此时不应该把父亲的意志强加给孩子，父亲应懂得尊重孩子，将孩子当成大人来看待。学习过程本就是艰辛的，我们不得不承认这一点，这是父子沟通的前提。父亲需要理解孩子并和他平等沟通，不能一味地跟孩子强调必须好好学习，必须上好大学，而应该知悉孩子的理想是什么，从而"引导孩子找到读书的动机"。案例中志轩爸爸知晓了孩子的兴趣爱好和理想，才方便父子沟通，进而想办法改善现实情况。

孩子自我要求高，它带来的影响可能是利弊共存的，作为父亲需要发挥其积极性，推动其实现理想以及帮助孩子调适目标无法达成后的心理状态。孩子有价值实现的心理需求，如果得到父亲足够多的关注，孩子会从父亲处汲取前进的动力，敢于攻坚克难，不断超越梦想。志轩爸爸平时可引导孩子正确认识失败和迷茫，学会积极地看待人和事，帮助孩子学会调适自己的情绪。事情发生后，我们的心情往往取决于我们对事情的认知，改变认知可改变心情。父亲理性引导孩子的过程，本质上是帮助孩子进行认知重建的过程。

3. 通过示范言传身教

教育孩子要榜样示范，言传身教。中国有句俗话说"养不教，父之过"，生养孩子而不教育他，是父亲的过错和失职。以身作则是最好的教育方法。爸爸说脏话，却让孩子不要讲脏话；爸爸乱丢垃圾，却要孩子不要乱丢垃圾；爸爸情绪暴躁易怒，却要孩子情绪稳定。孩子的脾气和性格，是通过学习、模仿成人而来，所以父亲要做好榜样。父亲在家中要做到情绪稳定，遇到不顺心的事不随意发脾气，让孩子在潜移默化中接受教育。在情绪管理方面，父亲要主动参与家庭事务，主持家庭生活与文化建设，爸爸能为孩子做的就是好好对待妻子，让妻子保持舒畅的心情，营造良好的家庭氛围。家庭是否和睦对孩子的影响最大，夫妻和睦是爱孩子的最佳方式。和睦的家庭氛围让孩子心情舒畅，并赋予孩子无穷的力量。家庭成员用温和、沟通的方式解决分歧和矛盾，有利于化解很多情绪冲突，帮助孩子建立情绪安全感。家长回家后减少手机使用，与孩子一起打扫房间、晾衣服、做美食等，培养孩子的多种兴趣，也能培养孩子的自我掌控感和自我成就感。

【知识拓展】

河北省教育科学研究院刘凤华老师在讲座提到，青春期是懵懂少年生活的终结，是成年人生活的起点，青春期是身体成长最迅速的时期，是精力最充沛的时期，是记忆效率最高的时期，是学习效率影响终身的时期，也是矛盾最复杂的时期。这个阶段孩子已经获得成人意识。只要孩子愿意做，很多事情都能完成。家长可以适当向孩子示弱并承认孩子已经成年。家长可以告诉孩子自己愿意帮助孩子，发展孩子的成人能力。

青春期是学习最重要阶段，也是最不愿意学习的阶段，因为这个阶段的矛盾最复杂。对于初中的孩子，哪些能力欠缺，就去补充和发展这些能力。对于高中生，要尊重孩子的意见。此阶段孩子逆反，我们家长就给予孩子足够的尊重和理解。家长理解和接纳孩子，顺势引导教育，关爱孩子的心理健康和个性成长，做好亲子陪伴，塑造良好的亲子关系，并及时与学校班主任沟通，家校合作共育，为孩子保驾护航。

【心法一诀】

西班牙诗人塞万提斯说："父亲的德行，是儿子最好的遗产。"一个好父亲，胜过一百个教师。

赵超，深圳科学高中历史教师，获深圳市命题比赛二等奖。

04

第四章

屏幕时代，如何让孩子不再沉迷电子产品

引导孩子合理使用手机

【父母心声】

我是一名初一学生家长,女儿叫木子。孩子小学很自觉,成绩良好,爱好绘画,平时最多和小妹一起玩玩单机游戏。但上初中后,孩子每天写作业都离不开手机,作业还经常"忘交"。

小学阶段,我很少和老师接触,现在却因为孩子学习的问题经常和班主任通话。老师反馈木子上课经常打瞌睡,作业经常迟交或不交,成绩也直线下降。一天半夜,我想去帮孩子盖被子,结果发现孩子被窝里发出了蓝光……一怒之下,我直接摔了手机,不让她再做老师布置的网络作业,强硬切断了木子与网络世界的联系,但事与愿违,好几次早上,班主任反馈木子没有到班。我单位很远,家中无人,只能联系物业上门或者报警,这导致我非常焦虑。

我尝试着用沟通和鼓励来解决问题,开始降低对木子的学业要求,但她一句"不给我手机,我就不上学了",又激起了我的怒火。为什么强调这么多次不要玩手机完全没用?为什么孩子刚上初中就这么沉迷网络?不仅没有解决手机问题,父女之间的裂痕也越来越大,我越发感觉有心无力。面对越来越沉默的孩子,我非常痛苦,担心她做出过激行为。怎么才能把孩子从手机里拉出来,让她重新融入现实生活呢?

【现象扫描】

近年来，中小学生使用手机、平板电脑等移动电子产品日益广泛，与木子相似的案例层出不穷。小学学习相对自觉的孩子，一上初中就沉溺网络以至于产生厌学心理，这有多方面原因。

从家长角度看。一方面，家长缺乏对孩子成长需求的关注。孩子因家庭环境的问题，其对于家庭的归属感、安全感需求得不到满足。青春期阶段，得不到家长陪伴与关注的孩子只能寻求其他寄托与安慰，网络就是个"不错的选择"。另一方面，家长解决手机问题缺乏循序渐进的过程。直接粗暴地切断孩子上网的途径只会导致矛盾进一步激化，足够的尊重和理解才能减少青春期"逆反"行为，否则亲子关系只会降到冰点。

从孩子角度看。一方面，中学生正处于自我同一性形成和确立的阶段，可能缺乏自信心，自我效能感也较低，容易产生逃避心理和依赖行为。繁重的学习任务、陌生的学习环境等都会直接影响学生的学习成就感，令其逐渐逃避现实依赖网络。另一方面，青春期的孩子没有良好的情绪管理与行为管理能力。逃避上学、擅自离班等行为反映了学生的规则意识与纪律意识淡薄，这又导致他们有意识反抗父母的行为或表达反对意见等情况，家长一味口头要求是无法解决问题的。

【教师支招】

青春期孩子缺乏较强的自控力，很难拒绝网络的引诱。我们要正确看待手机对孩子的利弊影响，引导孩子将手机变成学习生活的好工具。那么如何把孩子从手机里"拉"出来呢？

1. 真心接纳孩子的"不良行为"

尊重、理解与接纳，很多家长都知道自己应该这样做，但在实际生活中却无法落实。作为家长要认识到孩子如果深度依赖手机，训斥是起不了作用的。"每个沉迷于电子产品的孩子背后，都藏着从未被满足的心理需求。"手机问题反映的是孩子精神依赖方面的问题。案例中木子缺乏家长的陪伴，导致她性格孤僻，情绪不稳定。面对初中新环境，没有做好心理调适，多方面的压力让其只能通过网络寻求慰藉。家长应当与孩子多交流学校生活，解决孩子的成长困惑，真正尊重孩子的成长需求，理解孩子的烦恼。

也有孩子是单纯被手机里面好玩的游戏、各种短视频所吸引的，这就需要父母认真分析孩子的真实喜好与需求。家长应该保持耐心，循序渐进地引导，让孩子慢慢地放下手机。你只看到了孩子沉溺网络，那是否关注过孩子在网络世界观察到、了解到的是什么？对于那些孩子喜欢，但我们不了解的事物，也许深入了解一番就能够找到孩子沉迷的原因。比如，当孩子在用手机听歌时，我们也可以跟着一起听，有条件的甚至可以买一台智能音箱，让孩子少用耳机，了解孩子喜好的同时也能保护孩子健康。如果还能和孩子聊一聊喜爱的"偶像"，那氛围会更融洽，既能满足孩子的倾诉欲，又能让孩子获得满足感和成就感，岂不是一举两得？

2. 耐心引导孩子寻找"成就道路"

"双减"政策之下，学生自由支配的时间越来越多，自制力较差的学生，对手机的依赖也会增强，最直接的"不良影响"就是让孩子对学习和集体活动提不起"兴趣"。作为家长，此时最重要的就是耐心引导孩子，慢慢摸索，走上一条可以获得成就感的人生道路。家长的耐心引导可以让孩子把心中所想所愿投射到实践当中，把对现实的想法付之于行动，能真正让自己的想法落地，在现实生活中找寻满足感与成就感。案例中木子热爱绘画，却没有接受系统性的培养，那么孩子的绘画兴趣会在不被关注时逐渐消解、淡化。家长可以继续激发孩子的绘画兴趣，甚至花一些时间陪孩子一起绘画，或者仅是多夸赞孩子的画作，表达对其的认可，就可以让孩子保持兴趣。家长也可以培养孩子新的兴趣与爱好，比如，乐器、书法等，帮助孩子通过正确的方法缓解压力，在活动中促进他们的体验与成长，减少对手机的依赖。家长应该引导孩子正确地使用手机，心平气和地与孩子共同制订玩手机的条件和规则，例如，工作日每天使用手机（包括网络作业）25分钟，周末总时长不能超过120分钟；若想下载一款游戏，就必须删除一款游戏，一旦违规，限制2天不能接触手机等。

3. 成为孩子学习的"身边榜样"

家长往往会忽略自己的行为举止给孩子带来的潜移默化的影响。比如，当你在训斥孩子整天拿着手机时，自己却拿着手机，当你没收孩子手机时，自己却瘫在沙发里刷着放松的视频……再怎么训斥孩子去做作业也不会有效果。家长要严格管理自己在孩子面前使用手机，至少做到在吃饭、睡觉以及孩子学习时段不玩手机，努力在家庭营造一个使用手机的良好环境，引导孩子逐步减少对手机的依赖。

作为家长，还应当在生活方式上做孩子的榜样，比如，平时可以多去参加社区义工、交通协管员、环保宣传等公益活动，拉上孩子参加多种多样的社会实践，让自己成为孩子了解社会的老师，而不是让孩子通过手机去学知识、见世面，家长一定要做孩子人生道路上的"学习榜样"，教孩子如何面对面与人交流，如何与人团结协作，做体验生活美好的人。

【知识拓展】

孩子们总是对被禁止的事情充满了窥探欲和好奇心，千方百计通过各种渠道接触它,这就是心理学中的"禁果效应"。青春期孩子们的逆反心理达到了顶峰,家长越禁止手机,孩子就会越想玩。因此,在处理孩子手机使用问题时,一定要明确堵不如疏,在对待和处理具体的问题时,坚持疏导策略。在家庭教育中父母要提高教育技巧,多了解具体情况,有针对性地引导孩子正确看待、合理使用手机。互联网一定是孩子未来成长的组成部分,我们不可能把他们分隔开,借助网络认识这个世界,其实是一种学习方式。面对孩子沉迷手机,最明智的选择,一定不是强势没收手机,而是根据孩子的内心需求,用温和而恰当的方式,慢慢引导孩子,让孩子学会自控。

【心法一诀】

智慧的父母用望远镜看孩子的成长,不智慧的父母用放大镜看孩子的现在。

陈娜,深圳市龙华区教育科学研究院附属学校初中语文教师,获区级班主任大赛一等奖。

引导孩子正确使用网络

【父母心声】

我是一名小学六年级学生的家长,孩子名叫吴天宇,学习成绩一直非常优秀,可是近段时间孩子的学习成绩总是不断下滑,在家与家人交流的时间也越来越少。回家以后,孩子就一个人关在房间里不出来,还不时地以购买学习资料为由找我要钱。

一天,班主任王老师来家进行家访,我才明白了孩子成绩下滑的原因。王老师说天宇上课精神不好经常打瞌睡,几次家庭作业也没有做完,成绩不断下降。我问王老师,近段时间是不是家庭作业特别多?孩子一回来就独自一个人在房间很长时间,并且几次找我说要钱说学校要购买学习资料,近段时间已找我要了一百多元。王老师说,根据学校"双减"要求,每天家庭作业按要求应能在1小时内完成,此外,学校也没有要求学生另购学习资料。后来在我和王老师的再三追问下,孩子说近段时间他和几个同学在玩手机游戏,为了提高战斗力,他用找我要的所谓购买学习资料的钱在网上买了游戏中的武器装备和皮肤。

作为家长,我的确拿孩子没有办法。许多孩子也因为着迷于网络游戏,有的还因为相信网络而做出极端行为。想着许多孩子因迷于网络而带来的这些危害,我就十分害怕,我感到特别无助。

【现象扫描】

随着时代的发展,社会的进步,网络就像是一列快车,加速着我们了解未知世界的脚步,引领着我们走向瞬息万变的大千世界。坐在电脑前,鼠标轻轻一点,世界近在眼前。网络融入我们的生活,使我们乐在其中!遇到难题时,轻轻敲击键盘,问题便迎刃而解;空虚无聊时,畅游网游世界,顿时让我们心情愉悦……网络的妙用真是数不胜数。

网络给人们带来了便利,同时也带来了诸多不利影响。网络游戏之所以对中小学生产生强大的吸引力,在于网络游戏会产生某种虚幻的真实,使参与者置身其中,具有身临其境的感觉,中小学生把游戏中的角色常常搬到现实生活中来,他们虽然生活在现实生活中,但他们的思维却停留在游戏角色上。因为玩网络游戏,影响了正常的学习与生活。

【教师支招】

正确使用网络,让网络成为孩子学习、生活、娱乐的好帮手。家长一定要经常与孩子交流从网上得到的信息,交流感想与见解,这样才能对孩子的所作所为、所思所想,做到心中有数。家长应营造规则严明又民主宽松的氛围,使孩子能够安全享受网络世界的精妙。

1. 树立正确的网络信息是非观

家长要引导孩子树立正确的网络信息是非观。孩子小,明辨是非的能力弱,对网络信息没有正确的立场。引导孩子正确看待接触到的网络信息,不能任自己的主观意识来判断信息的正确与否。网络舆论有利有弊,我们自身要懂得筛选不好的舆论,不要人云亦云,教育孩子有知情权和表达权，但不可以在网络上发表不正当言论。

2. 理性认知网络信息

当看到一些群体性不良事件信息和一些社会热点事件时，我们理应做到谨慎对待。不能仅凭自己的一知半解，仅凭个人喜好就发表一些过激的言论。切忌深信网络，避免被一些别有居心的人所利用。每个网民需具备明辨是非的能力，每接触到一条网络信息，首先就要在自己的内心多问问自己，这条信息是否真实？产生的原因？对自身有什么借鉴？目前，网络监管还不是很完善，这就要靠每个人提升自身的网络素质，承担起网络责任，正确使用好网络。

3. 上网时间要控制

家长应该明确规定上网时间，孩子必须先完成学习任务、体育锻炼后，才能去上网。上网的时间一天不超过1小时，一旦过了这个时间，必须要求关闭电脑，特别是孩子玩网络游戏的时间要控制。

4. 培养孩子的兴趣特长

许多孩子沉迷于网络游戏，是因为没有正确的兴趣爱好。作为家长要用心陪伴孩子成长，培养孩子正确的兴趣爱好，如体育锻炼、户外活动、听音乐、看书写作等。孩子有了正确的兴趣爱好，上网的时间也会减少，自然也就不会迷于网络游戏。

5. 多留心孩子的言行

作为家长要经常关注孩子的行为，对孩子平时的谈吐、精神状态、学习情况要多加留心。如果孩子存在不正确的言行，家长要及时加以引导。如果学习成绩有较大波动时要及时关注，寻找出原因。特别是孩子对零用钱的使用，家长要心中有数。如果出现需要大量的零用钱，而且又不知孩子是如何开支时，家长一定向孩子问清楚是不是在网上充值了。如果经常一个人关在房间内不外出，那么孩子大多是在玩网络游戏或者浏览网络信息。

沉迷于网络游戏，会对孩子造成伤害。有的孩子因为过度相信网络做出极端行为的案例也时时发生。引导孩子正确使用网络，让网络为我所有，而不是给自己带来伤害。

【知识拓展】

随着科技的进步，网络在我们的生活中越来越重要，但在网络发达的年代，网络信息不一定都是真实的，有时候人们会为了利益，在网上发布虚假信息。我们在使用网络时，一定要注意分辨，比如，要学会与国家主流媒体信息进行对照，不轻信网络信息。作为中小学生家长应学会如何引导孩子正确认识网络信息，这样能防止自己不受别人的欺骗。

上网可以给中小学生的成长带来益处，可以开拓他们的知识视野，增加他们认识世界和掌握知识的渠道。网络使我们与他人交流的渠道更宽广，方式更自由。引导孩子正确使用网络，促进网络成为孩子学习、生活、娱乐的好帮手。

【心法一诀】

要引导孩子正确使用好网络，做到绿色上网、文明上网、快乐上网，才能让他们成为网络的主人。

李鹍，湖北省宜昌市秭归县归州镇航天希望小学道德与法治老师，秭归县"优秀教师"、宜昌市课改"先进个人"。

孩子喜欢网上交友，怎么办

【父母心声】

女儿晓丽今年上七年级，学业要比小学繁重多了。小学考试科目是语文、数学、英语，初中是语文、数学、英语、道德与法治、历史、地理、生物、体育等，难度也增加了。女儿对初中生活不太适应，有时会上网跟网友聊聊天，缓解一下紧张的情绪。在网上聊天时结识了一名叫阿强的人，两人在很多方面都很谈得来，如学习上的困难、生活中的烦恼、交友上的困惑等。阿强想和晓丽成为网友，晓丽不知是否可以？孩子向我征求意见，我也很想知道如何正确地结交网友？孩子想利用网络交友，作为家长应该有哪些指导意见？家长应该如何引导孩子？

【现象扫描】

网络已经成为人们日常生活不可或缺的重要组成部分。网络是一把双刃剑，已经融入青少年的生活、学习、交往、娱乐等各个方面，在网络环境下生活已经成为青少年生活的常态。青少年可以通过网络快捷高效地获得各种知识和信息，有利于其拓宽视野、增长知识、提升素养等。但由于网络环境虚拟、信息量大、存在一些不良信息等因素，所以网络也给青少年带来了一些新的问题，使青少年的健康成长面临新的挑战，家长必须予以重视与解决。青少年学生由于自我保护意识不强，自我保护能力、明辨是非能力也较弱，往往容易上当受骗，因此需要家长的关心和正确指导。

【教师支招】

1. 家长要了解孩子现实交友的困境

在现实生活中，孩子由于家庭环境、学业成绩、长相、性格、能力等的差异，现实中的交友往往存在一些问题，例如，孩子的性格比较腼腆，不好意思跟别人交往；由于学业成绩差和家境不好，性格比较自卑，不愿意和别人交往；有的孩子由于人际交往能力的欠缺，现实中找不到合适的朋友，这些导致孩子在现实生活中很少有朋友，甚至没有朋友。因此家长要了解孩子，并帮助孩子走出现实交友的困境。

2. 家长要让孩子了解网络交友的特点

在网络交往中，交往主体往往并不真正了解对方，不知道对方的任何信息，特别是个人品行这类内在品质。虚拟的网络交往给孩子的交友带来一定的风险，尽管它充分满足了青少年的好奇与表现的心理。在网络交往中因不知道对方的信息，交友过程中能够体现选择平等性，此外，青少年能够突破现实中交友的局限，网上交友互相不了解，一般也不知道对方在哪里，也不会有什么利益冲突，更不必担心袒露心声会带来不良的后果，所以才乐意地把自己的事情讲给未曾谋面的网友听。他们可以通过倾诉来自我调节，这样做能给自己带来快乐，还可以在网上认识志同道合、志趣相投的朋友。网络交往的自主性很强，和什么人交友，不和什么人交友，完全出于自己的主观愿望和目的。网络给孩子创造了更多的机会，以更简便的方式去结交更多新的伙伴、新的朋友。

3. 家长要让孩子知道网络交友的原则

基于网络交友的一些特点，在网络交友中必须遵守一些基本原则。在网络交往中不能进行人身攻击、伤害他人自尊、侵犯他人权利；要自觉抵制网络不良信息，自觉遵守《新时代青少年网络文明公约》，要遵守法律，不做违规的事；要认真学习《中华人民共和国网络安全法》等法律法规，并遵守有关规定，不断提升自己的法治观念；告诉孩子在网络交友中，不能轻易相信一个人，也不能因为不认识而随意伤害一个人。

4. 家长要教会孩子网络交友的方法

网络交友会占据孩子的一部分学习时间，处理不好会影响孩子的日常学习。家长要告诉孩子网络交友有利有弊，可以从以下两方面教育孩子学会趋利避害。

一方面，孩子要做到理性辨别、慎重选择、自我保护。青少年既要尊重对方，又要善于保护自己。参与网络交友的人员比较复杂，因此需要我们学会理性辨别，对交友的对象有一个基本的了解，不能连对方的一些基本信息都不知道就与其交往。家长要告诉孩子自觉贯彻网络行为规范，自觉抵制不良信息，也要自觉抵制不良网友，不和损友交往。

另一方面，将网友转化为现实中的朋友需要慎重。很多孩子不满足于网上交往，想与对方变成现实中的朋友，常来常往，但与网上的朋友会面一定要慎重。网上交友可以满足青少年的一些心理需求，容易为青少年所接受，因此家长必须加强对孩子的心理健康教育，提高孩子的心理防范能力，让孩子不上当受骗，能够与真正志趣高尚、志同道合的朋友交往，促进自己健康成长。同时要教育孩子珍惜身边的人，如老师、同学、亲人等，和他们建立正常、友好的关系。

【知识拓展】

当前网络的快速发展，为人们的学习、生活等带来了便利，但是也带来了一些负面的影响。我们要充分利用网络，为自己的学习、交往提供便利。同时也要减少网络带来的消极影响，让网络为我所用，在网络交友中找到志趣相同、志同道合、促进自己健康成长的好朋友。作为家长要为孩子把好关、引好路，千万不能放任不管。家长要经常关心孩子，如遇考试、生病、挫折时等要关注孩子的心理变化，适时排解孩子的不良情绪。

【心法一诀】

网络是工具，网络应该成为促进孩子健康成长的有效工具，而不是障碍。

樊振明，泰兴市济川初级中学道德与法治教师，泰兴市学科带头人。

拒绝孩子的高消费，要有正确的教育方式

【父母心声】

我是一位初一学生的妈妈，女儿叫李妍。女儿活泼外向，热爱体育运动，成绩稳定。家里对李妍的学习不会给予太大的压力，只希望她可以平安健康地成长为一个正直善良的人。

从小学六年级的网课学习开始，李妍对智能手机产生了浓厚的兴趣，不断央求我和她爸爸给她买手机。我们认为，孩子确实有用手机交友的需要，也不想让孩子在物质方面有匮乏感，所以给她购买了一部苹果手机。但上了初中后，李妍在物质层面的需求越来越旺盛，球鞋、运动鞋、电子产品、书包等都要买好的、买贵的。

有一次，班主任和我反馈，她在班上和同学聊天会强调自己"周游列国"的经历，也常常炫耀自己的鞋子，若有同学不小心踩到了她，她会立刻发火并要求对方赔钱。久而久之，李妍和班级其他同学的关系越来越紧张。在与班主任的进一步沟通中，我得知李妍开始和同样拥有智能手机、热衷于消费的同学组成小团体。

李妍回家吃饭时，我会在饭桌上教导她，我们家只是小康家庭，不算什么大富大贵的人家，没有必要炫耀自己的财富。但我的苦口婆心只能换来她的不耐烦。有一次，我想用"不给吃晚饭"这种惩罚方式换来和她静心沟通的时间，结果她扭头就和爸爸出去吃日本料理

了。我很生气，我们的母女关系也更加紧张。对此我感觉有心无力。

【现象扫描】

李妍从央求父母购买手机到盲目攀比，从与人为善到处处树敌，李妍同学一步步陷入享乐主义与消费主义陷阱，在心理和人际交往行为等方面的变化，作为母亲确实会十分忧心。李妍的非理性消费行为的养成，原因有以下几点。

从家长角度看。其一，家庭教育观念不一致。当妈妈想让李妍反思错误的时候，爸爸却带着她出门吃饭，反映出父母育儿观念不一致。这容易让母亲的权威受损，不利于今后的亲子相处。其二，家长对孩子在理性消费方面的指导缺失。家长的观念和行为对孩子树立正确的三观起着潜移默化的影响，若父母缺乏对孩子在工作与职业上的理性引导，且存在非理性消费行为，久而久之孩子会产生"父母有花不完的钱"的错觉，有样学样地大手大脚地消费，单纯享受消费的愉悦而感觉不到挣钱的辛苦。

从孩子的角度看。其一，基于心理学，青春期孩子的任务是寻求"自我认同"。李妍从小学步入初中，陌生的环境在一定程度上使她产生了不安全感。因此，她急切地通过非理性消费，比如，获得奢侈品，以彰显自己与众不同的身份，凸显独特的个人价值。其二，基于消费心理学，与家庭相比，少年消费者更易于受社会的影响，其消费行为影响媒介主要是同学、朋友、明星、大众传媒等。因此，李妍对于与自己有共同话题的"朋友圈"会格外珍惜，通过延续非理性消费维系她心目中珍贵的"友谊"。

总体而言，青春期孩子的非理性消费行为和不正确的价值观念是一个常见的问题。李妍非理性消费的实质是对友谊的渴望和内心安全感缺失造就的。父母需要用正确的价值观加强引导和化育，共同帮助孩子养成良好的消费行为，树立正确的价值观念，培养健康人格与消费观念。

【教师支招】

引导孩子进行理性的消费需要家长在以下两个方面进行引导：

1. "存异"但"求同"，父母如何构建家庭财商育儿观

理性消费从父母做起，就是要求父母在生活中以身作则，在理性消费这方面给孩子做好榜样，起到示范作用。一方面，从父母的消费理念开始。青春期是孩子成长的重要时期，若父母在养育方式上无法达成一致，孩子将难以形成明确的行为规范。因此，李妍父母应该秉承"求同存异"的原则，就理性消费教育这一议题，寻找一条能够两人并行的道路，在方法论上，允许"存异"的操作空间，最终达成"求同"的目的。另一方面，在金钱支配方面，李妍父母也要发挥理性消费引领者的作用，以身作则，理性消费，避免过度消费。比如，可以与李妍共同制订家庭消费计划，让孩子学习如何制订消费预算，懂得计划支出和储蓄，培养孩子正确的财务管理技能，也可以建立可持续性激励机制。让李妍明确"需要"和"想要"的区别，在"延迟满足"中培养克服当前的困难情境和力求获得长远利益的能力。

2. "交友莫交财"，青少年如何在物质朋友圈中"破圈"

（1）"物质"一词非贬义，在当今社会，青少年的交友圈往往被物质因素所左右。一些年轻人会因为对方拥有的财物而选择交往，而忽略了对方的品德和性格。

李妍正处于对校园外的社会具有强烈求知欲、好奇心的时期，李

妍父母可以在饭桌上、在上下学路上等随处可见的生活场景中和李妍分享社会上、工作中的经历。这样不仅能够让孩子感受到父母工作的意义与不易，理解财富的获得是需要智慧与努力的，还能够畅通亲子沟通的渠道，更利于拉近亲子关系。

想要在充斥消费主义的人际关系怪圈中"破圈"，同样需要父母的用心陪伴。基于消费心理与行为学，青少年消费者群体缺少识别问题的能力，会过分依赖外部评价而非内部评价，盲目追求高档次的消费，以此来显示身份、地位、财力等，是当代孩子消费的现状。究其原因，不过是不成熟的消费观念在作怪。因此，当李妍产生物质需求的时候，妈妈可以选择和李妍一起去商店，并引导她进行思考，让她对高档和普通两种商品进行比较，看哪种更适合自己。在这个过程中，李妍妈妈可以向她解释，高档次的消费如果是为了证明身份、地位和财力，那就是愚蠢和冲动的行为。由此，让李妍理解真正的价值不仅仅来自于商品的价格和品牌，更重要的是商品是否符合自己的真实需求。希望通过这样的引导和教育，让李妍树立正确和成熟的消费观念。

（2）厘清"商品价值"与"人生价值"。商品价值还是人生价值？物质生活还是精神世界？

在现代社会，我们经常会被物质主义所笼罩，一味追求名牌、奢侈品，追求高薪、豪车、名校，似乎物质生活才是人生的价值所在。然而，当我们深入思考时，我们会发现，物质生活带来的快乐是短暂的，而精神世界才是真正能够给人带来持久幸福感和满足感的源头。

当我们选择追求精神世界的丰富和充实时，我们会发现，内心的平静和满足才是真正的幸福。通过读书、旅行、音乐、艺术等精神享受，我们能够感受更加深刻的人生意义，找到属于自己的快乐和满足。

因此，父母应该要让李妍明白，真正的快乐和满足感来自于内心的丰盈和与他人真诚的交往，而不是短暂的物质享受。李妍爸爸妈妈可以通过研学旅游、体育运动等方式，让李妍在户外运动中学习、交友为李妍重塑朋友圈。让她理解在选择朋友时，不应该只看重对方的财富，要更注重对方的品德、性格和共同的兴趣爱好。与有共同价值观的朋友交往，建立真正的友谊，让自己得到更多的心灵滋养。

因此，青少年在物质朋友圈中要学会"破圈"，不要让自己被物质所左右，而是要建立起真正有意义的人际关系，追求真正的幸福和成长。

【知识拓展】

青少年的非理性消费事件折射出我们在财商教育精神层面建设的欠缺。少年儿童群体的自我意识水平不断提高，但对自己的心理活动、行为的认识与调节能力仍处于过渡阶段，具有可塑性的消费行为特点。因此，打好"物质激励+非物质激励"组合拳，能够有效培养孩子正确的财富观。

教育家默克尔有言："金钱是人生的必修课，是儿童教育的重心，就如同金钱是这个家庭的重心一样。"物质激励本身并没有问题，但更重要的是，父母必须先引导他们树立正确的财富观，引导他们认识到财富的真正价值和意义。最终，帮助孩子在追求物质财富的同时，能够拥有健康的人格与全面的财富观。

【心法一诀】

英国作家塞缪尔·斯迈尔斯曾说:"正直的人厉行节约,注意细水长流,不会大手大脚、胡支滥花,他绝不会沦落到打肿脸充胖子或借债度日的地步。"

何咏琪,深圳市龙华区教育科学研究院附属学校初中道德与法治教师,获龙华区"班主任圆桌会议"比赛一等奖。

培养孩子的消费观,正确引导孩子消费

【父母心声】

我是一名农村女大学生的家长,女儿叫秋梅,是家里第一个女儿,也是我最偏爱的一个孩子,下面有弟弟和妹妹,但我将所有的心力都放在了培养她身上。

我们家是农村的,主要以种地为生,虽然没什么文化,但知道知识能改变命运,上学能让孩子过上好日子。为了让孩子走出农村,我们倾尽所有培养大女儿,什么家务都不让她做,只好好学习就行。

我们以为上大学跟高中一样,就是去学习了,没想到外面的世界充满了吸引力。

上大学后,女儿看见身边的室友穿得好、吃得好,就有样学样,总是在月初就将一个月的生活费花光了,不够就问家里要。虽家庭经济紧张,但我们从来都有求必应。

每次放假回家女儿就把自己关在屋子里,玩手机、吃零食、睡懒觉,从来不会帮家里分担家务,但我们认为女孩娇惯点也没事。

放暑假之前,女儿跟室友们商量好一起去南方旅游,算下来费用需要1.5万元,她跟我们说明了这个情况,但我们拒绝了这个请求,毕竟家里并不是只她一个孩子,还有两个要上学呢,能给她供上大学已经很不容易了,没想到女儿不仅不理解我们的难处,还恼羞成怒道:

"没钱为啥生我?"

我们听见这样的话非常伤心,从小到大最宠爱的大女儿,怎么上了大学之后变成这样了?是什么造成的呢?

【现象扫描】

该名农村女生到大学受到周围环境影响,对父母说出绝情的话,主要是价值观偏差和没有科学理性的消费观所致。

从家庭层面来看。其一,家庭教育缺乏对孩子价值观的塑造。父母一味强调学习的重要性,缺乏对孩子的人格、品质以及价值观的引导和塑造。"家庭是孩子的第一所学校,父母是孩子的第一任老师",父母的一言一行对孩子的性格、价值观的形成影响是最大的。其二,用错误的办法鼓励学习。学习是孩子自己的事,既是一份义务,也是一份责任。这位家长用错误的办法鼓励学习,孩子会认为学习是帮父母学的,认为父母的付出都是应该的。

从孩子层面来看。认识自己的消费能力,进入大学后交往逐渐社会化,周围人的消费观会对孩子产生非常大的影响。孩子看到身边的室友穿得好、吃得好会有样学样,却没有对家庭的经济状况和消费能力有合理的认识。一次南方旅游费用1.5万元,已严重超过家庭的承受能力,必须叫停。作为一个大学生,已经有了分析问题的能力,要树立理性的消费观,消费水平要符合自己的经济能力,不盲目与他人攀比,要根据自己的实际情况进行消费。

【教师支招】

父母是孩子的第一位老师,父母的一言一行对孩子的性格、价值观的形成等影响是最大的,所以孩子能否健康成长,是否有理性的消费观，父母的教育是至关重要的。

1. 学习不是孩子的全部

学习好固然重要，但它不是孩子的全部，学习只是孩子获得知识和技能的一个途径。如果家长认为自己的孩子只要学习好就行，往往会由于学习好而忽视孩子在家庭中应该承担的义务和责任。如果一个孩子把学习当作人生的全部，这样培养出来的孩子很可能会"高分低能"，这样的家庭教育终将会失败。

2. 让孩子懂得量力消费

家长要帮孩子分清楚"需要"和"想要"，避免孩子在消费的过程中冲动消费。家长要帮孩子控制住"想要"就买的想法，养成在购物前列出一个清单的好习惯，在购买商品的时候一目了然，尽可能避免冲动消费。

家长要帮助孩子了解家里所能承受的消费，给出消费预算。让孩子了解家庭的财政收支情况，明白家庭的经济承受能力，让孩子量力消费，从而培养孩子正确的消费观念。

3. 引导孩子自食其力

记得有人说过："成功的家庭教育并不是单纯地给孩子提供锦衣玉食，而是教他们自食其力。"这句话的含义是，成功的家庭教育应该重视培养孩子的生活自理能力、独立思考能力和自我管理能力，帮助孩子成为一个能够独立生活的人。

目前孩子的经济来源还是家庭和父母，这种模式下产生的消费属于依赖性消费，会使得孩子体会不到赚钱的艰辛，更不会合理消费。如果孩子通过勤工俭学等方式用自己辛勤的劳动换取酬劳，他们就能切身体会到父母的辛苦。这种自力更生的方式，能使孩子从心理上抵触浪费行为，珍惜来之不易的报酬，帮助孩子树立正确的价值观、消费观，在用父母的钱进行炫耀性消费或超前消费时会想到父母的不容易。

4. 培养孩子的理财观念

随着社会的发展，金钱的重要性与日俱增，无论是成年人还是孩子，都需要学会理财，即理性地使用自己的财富。然而，孩子在成长的过程中，常常因缺乏良好的理财意识，导致无从入手。作为父母，我们应该把理财教育作为孩子成长中的必修课程。

"你不理财，财不理你。"理财是理一生的财，也就是个人一生的现金流量与风险管理。要在激烈竞争的社会中生存，独立的理财能力就成了重中之重。孩子有了理财意识，也就学会了花钱，即学会了消费。

5. 家庭要营造健康的消费文化环境

家是我们生活的核心，也是塑造健康习惯和生活方式的最佳场所。一个健康的家庭环境可以激励我们养成良好的生活习惯，保持身心健康。父母在日常生活中的消费观念对子女的影响也非常深远，因此，父母应树立理性的消费观，通过言传身教引导孩子。此外，父母要注重对子女的正确消费观教育，在给予孩子一定消费自主权的同时注意"家情"教育，对消费要求有意识地区分，还可以安排一定的家务劳动，加强劳动教育，促使子女形成勤俭节约的消费观。

【知识拓展】

有些家长对小孩过分疼爱，对其百依百顺，忽略对孩子消费的正确引导，再加上受社会不良风气影响，孩子出现盲目消费、攀比的行为，进而影响了他们正确消费观的形成。

一要引导，家长要找准时机在合适的场合、情景中，引导孩子领悟勤俭节约的意义，明白铺张浪费的危害，也可从有关典故或名言中引导告诫学生。

二要示范，家长要勤俭节约，规范自己的消费行为，合理消费，从平时购物、用水、用电、外出消费等方面，做到言传身教，以身作则，无形中便成为子女最好的老师。

三要培养，就是培养孩子付出和收获的意识，不能无条件满足子女的所有需求，这样会给子女带来不好的行为习惯。要鼓励孩子付出相应的劳动，比如，帮忙洗碗、洗衣、做饭、炒菜等家务，也可利用假日带孩子开展适宜的"吃苦"实践活动。让他们懂得"金钱"只有靠劳动和智慧才能积累，是来之不易的，深刻体会劳动和节约的益处，从而做到不奢侈浪费，不盲目跟风攀比，树立正确的消费观念。

四要管理，就是要帮孩子管理好零用钱，引导孩子统筹安排零用钱，做好消费预算，有计划用好零用钱。同时让孩子参与家庭的理财，学会一些理财知识、理财方法、理财技能，逐步养成良好的消费习惯。

【心法一决】

诸葛亮在《诫子书》中讲道："静以修身，俭以养德。"父母做到言传身教，以身作则，无形中就是子女最好的老师。

许红，陕西省咸阳市三原县职业技术教育中心思政教师，咸阳市思政课教学能手。

智能时代，如何建立良好的亲子关系

【父母心声】

我家女儿小欣今年上小学六年级，我一年前跟孩子爸离异。平常一直就是我一个人带着她。小欣性格比较内向，我的工作经常会加班，孩子放学后就经常把自己关在房间，除了上厕所、喝水出来一下，就一直在房间做作业、看书、玩手机。孩子放暑假了，我上班也没办法在家陪她，想送她到爷爷奶奶家住段时间，可她坚持说自己在家没事，说多了她就发脾气，我也没有再坚持。有时候出差几天才回家，她也是一个人待在家里。

最近跟公司争取了三天假期，想多陪陪小欣，可孩子却嫌我在家多余。她的学习、娱乐、生活全都可以由手机来替代，就连一日三餐都不愿再吃我亲手做的，随手就在外卖软件上点各种吃的，还说外卖比我做的好吃多了，而且想吃什么就吃什么，什么时候想吃就什么时候可以送到。跟她聊天，她也没话题跟我说，有时候一天到晚跟我说不到三句话，可是在网上跟同学组队玩游戏、聊天，就可以聊到深夜。因为没能给她一个完整的家，始终心存愧疚，所以我一次次地走近孩子，总是顺着她，现在看她这样的状况，作为母亲的我手足无措，不知道怎么才能让孩子愿意跟我亲近起来。

【现象扫描】

当今社会，伴随着智慧化生活的快速发展，以智能手机为媒介的新媒体正以迅雷不及掩耳之势席卷我们生活的方方面面，深刻影响着人们的学习和生活，也改变着传统家庭教育模式和亲子关系。像小欣这样的情况，是非常普遍的存在，孩子跟家长之间的代沟伴随着智能化生活的普及会越来越明显。每个人都能在网络的虚拟世界里找到自己感兴趣的事情，因此对身边人的关注度就会越来越少，亲子之间的亲密度也随之发生变化。因此，我们在生活中常常看到这样的画面：逢年过节，亲人聚在一起，"人"在一起，"心"却都在各自的手机里，无论大人还是孩子，都是捧着一部手机，在"自己的世界里"玩得不亦乐乎。

除此之外，现在的青少年生活也逐步智能化，交通出行用打车软件、吃饭直接叫外卖、洗衣用洗衣机、拖地有"扫地机器人"，等等，包括家里的一切电器都可以用智能语音来控制，这些智能生活系统一方面给我们提供了便利，另一方面也让青少年养成了惰性。他们越来越不会运动，回家直接躺着玩手机，还可能伴随着抑郁症、暴饮暴食、社交恐惧症等问题。在这样的时代背景下，家庭关系作为一切教育的基石，对儿童的个性发展和人格完善有着不可替代的作用。

【教师支招】

智能手机的使用对象出现低龄化的趋势，孩子拥有一部手机，就让"智能保姆"代替了亲情陪伴，长此以往，孩子对于手机的依恋和爱甚至超过了父母，曾有不少媒体报道有的母亲不给孩子玩手机，孩子对其拳打脚踢的事件。在智能手机时代，如果夫妻或者孩子任何一方沉迷其中，都会导致家庭成员间缺乏有效的互动和高质量的陪伴，最后导致亲子关系日渐淡漠，家庭"失语症"悄然盛行。面对这些问题，我们不可能远离当下的智能时代，回到传统的生活模式，那我们应该怎样去科学应对呢？

1. 转变传统教育理念，与时代共同进步

人工智能时代的到来，冲击着传统的家庭教育理念与模式，如何让孩子适应未来更加智慧化的社会生活成为了现在家庭教育的一项重要课题。"现代"与"传统"二者并不是简单的取代与被取代的关系，它是人类发展进入新阶段的产物，也是这个时代青少年成长所必须适应的常态化环境。因此，智能时代的家庭教育既应传承、发扬良好家风，又应顺应时代潮流，着眼家庭的未来发展，尤其是孩子的全面发展。家长可以很好地利用智能手机及各种媒体，学习先进的家庭教育理念，运用科学智慧的家庭教育方法，不断提高自己在智能时代下的家庭教育水平，发挥家庭教育的力量，为孩子的全面发展奠基。

2. 严格要求自身行为，高质量陪伴孩子

"好的关系胜过好的教育"，孩子成长的过程中一定会遇到各种各样的问题和困难，谁能够成为他们信任的伙伴和倾诉的对象呢？网络时代，如果家长没有认识到这一点，可能孩子有了心里话无处诉说，只能通过网络来打发时间或者通过交友软件认识一些网友来诉说心声。因此，在信息如此发达的时代，孩子需要家长更多的关注和高质量的陪伴。高质量的陪伴需要的是家长真正参与到孩子的成长中，与孩子建立亲密的心理联结，增加亲子互动的机会，深化亲子交流的层次，促进孩子的健康成长。例如，孩子在有倾诉欲望的时候，家长切记一定不要敷衍孩子，要注意把握机会，及时停下手中的事情，认真听孩子讲，哪怕未能真正一次性解决孩子的烦恼，但在孩子心里已经建立了信任关系，后面会继续愿意与其分享，长此以往，就会在无形中增进亲子关系。

3. 合理使用电子产品，亲子约定达成共识

智能化时代下，手机、平板、电脑已经成为网络时代的新"三大件"，成为了人们日常所必备的工具。对于孩子必须面临的现实问题，既然"堵不住"，不如采取科学的"疏导"方式，引导孩子合理使用电子产品。例如，小欣喜欢看短视频和同伴相约在网上玩游戏，我们可以在适当时候选择跟孩子一起看、一起玩，让孩子觉得我们跟她像是"一条战线"上的伙伴，取得孩子的信任后，再与孩子约定每天看视频时间、玩游戏时间，通过彼此的约定达成共识。在电子产品使用上，家长也可以展示更多有意义的信息技能，比如，怎么样制作视频、怎样运用读书软件、怎样进行电子平板绘画，等等，这样既锻炼了孩子的信息技术水平，又培养了孩子的自控能力。

4. 参与智慧社会生活，开拓孩子思维与眼界

眼界决定一个人的高度，更影响一个人看待世界的深度。家庭教育在个人眼界的培养过程中起着至关重要的作用。现在的孩子一出生就接触高科技和智能化，学习知识的渠道和方式更加多样化。科技的飞速发展，已经把我们带入了一个智能化的时代，如，智能化的家电、智能化的学习设施、智能化的办公和居家环境等，因此，我们的家庭教育也应该与时俱进，与孩子一起去发现智慧社会的变化，感知变化带来的影响，例如，孩子喜欢在网上购物和用外卖软件点餐等，不如先别急着否认或者放任不管，先认同孩子，跟孩子一起去体验智慧化社会的便利与美好，取得孩子的信任后，再提出愿意给孩子做她喜欢吃的饭菜，孩子可能更愿意接受。试问，哪个孩子不热爱自己母亲亲手做的饭菜呢？

【知识拓展】

"教育无他,用心而已。"人工智能时代,既给家庭教育提供了很广泛的学习渠道,也给家庭教育带来了挑战,网络的发展能促进亲子沟通,也会给亲子关系带来伤害,智能时代的代际关系需要亲子双方不断沟通,尤其需要父母提升教育素养,这样才能与作为智能时代的"原住民"子女共同成长。因此,无论将来孩子面临的是怎样复杂和高科技的智能环境,家长都应保持一颗平常心,冷静智慧地面对当下的社会生活,引导孩子去拥抱新技术,迎接新挑战,做积极主动的学习者,合理看待和使用这些设备,让它们更好地服务于我们的学习与生活。好的亲子关系都是建立在互动之上的,家庭的存在与维持也必须靠家人不断地互动以及相互认同,虽然在智能时代的影响之下,传统的亲子关系发生了很大的变化,但是作为家长,也必须顺应这种变化,与孩子一起学习,分享各种好的、优质的软件与信息等,使智能化设备更好地为家庭教育服务,建设更加良好的亲子关系。

【心法一决】

水火可能会带来一场灾难,但同样能造福于人类,如何与现代智能化产品和谐共生,让其成为亲子关系的工具和帮手,是一项值得我们长期研究的课题。

<u>梅玉琴,湖北省宜昌市秭归县第一实验小学美术老师,秭归县艺术名师工作室成员。</u>

有效保护孩子网络使用安全

【父母心声】

我是一名八年级学生的家长,为了提升孩子获取信息以及与同学沟通的便利性,同时也基于对孩子的信任,我允许孩子课余生活使用手机来浏览各种新闻并进行社交。

一直以来我都以为孩子能正确使用信息网络,直到班主任告知我,孩子跟风在朋友圈转发关于同年级一个同学的谣言,让该同学受到了非常大的伤害。听到这个消息,我感到震惊、愤怒和困惑。在班主任告诉我这个信息之前,我对孩子的网络社交行为一无所知。我与孩子核实该情况,但孩子觉得自己的行为无伤大雅,仅仅是随手转发一些信息而已,并且很多同学都这么做,自己不跟着做就会显得很另类。在与孩子的沟通过程中,我感到很失落并伴随强烈的挫败感。这种行为不仅对无辜的同学带来了伤害,也可能使孩子成为虚假信息和网络暴力的受害者。我发现我在培养孩子的信息责任感上做得很有缺失,我很自责。是我没有为孩子提供足够的引导和监护,让她对社交媒体的信息和那些无良信息传播者的谣言过度相信,甚至加入网络暴力者的行列之中。我必须要尽力去帮助孩子更好地理解和应对社交媒体和网络暴力相关的问题,并教导她如何更好地对待网络信息,建立正确的价值观。我知道我需要做的事情有很多,但又不知道要从何做起，这让我感到很困扰。

【现象扫描】

当孩子面临网络暴力、虚假信息甚至信息泄露等问题时，家长们往往会感到担忧和困惑。我们首先需要做的是分析孩子这种行为背后的原因。

从亲子相处的角度来看，孩子传播网络谣言是因为父母缺乏正确引导。现在家长工作比较忙，陪伴孩子的时间和精力较少，如果家长没有引导孩子辨别真假信息的能力，就很可能让孩子形成对信息真伪的判断能力。而家长对孩子不良信息的处理行为不重视，也会造成孩子对于网络信息的传播缺乏敬畏感和责任感，觉得跟风的一些小行为无伤大雅。

从学生青春期人际交往的特点来看，孩子传播网络谣言的原因有以下几个方面：

（1）同伴压力。青春期的孩子正处在对自我认知和社交关系的塑造过程中，他们拥有非常强烈的社交认可需求，因此往往会通过跟风发布虚假信息的方式来获取社交关系上的认可和虚荣感。

（2）缺乏批判性思维。青春期的孩子在认知能力上还没有完全成熟，缺乏批判性思维，容易相信不准确的或虚假的信息，这使他们更容易被网络谣言所骗。

（3）人际交往的冲动性。青春期的孩子缺乏足够的生活经验和人际交往能力，更容易受其他人的言行影响，而误传网络谣言。

【教师支招】

在当前日益发展的信息社会，孩子使用网络已成为一个普遍现象。虽然网络为学生的学习和生活带来了许多方便，但也出现了许多与网络相关的问题。孩子之所以会无意识地传播谣言，参与网络暴力，有多方面的原因。其中一些原因可能包括：社交压力、寻求注意力、攀比心理以及缺乏对信息的辨别能力及信息责任感。而这些，常常和家长缺乏陪伴以及正确培养孩子树立网络安全意识的责任感培养缺失有关。对于家长来说，培养孩子的信息责任感非常重要，下面提供一些思路来帮助家长。

1. 建立家庭网络安全意识、培养信息责任感

家长应该了解孩子在网络上的活动，并明确告诉孩子在网络上负面行为的后果。提醒孩子网络不是一个没有规则的领域，与现实社交无异，在网络中，孩子也应该遵守道德规范，尊重他人的权利。此外，家长还可以与孩子一起制定合理的上网时间，例如，规定孩子每天只能使用一定数量的时间浏览网络，通过合理的时间安排，有效地减少孩子上瘾的可能性。

家长需要给孩子灌输家庭网络安全意识，基本内容包括：密码保护、个人信息保护、网络欺凌、网络游戏成瘾等方面。家长可以通过为孩子制定相应的规章制度来引导孩子礼貌使用网络，例如，禁止孩子使用虚假身份在网上交流，不发布他人隐私信息，并加强密码的保护等。

同时家长需要与孩子合作，建立一种网络安全的氛围。当孩子遇到网络暴力、虚假信息或侵犯他人隐私等情况时，家长应该听取孩子的意见，并相应地跟进帮助孩子解决问题，让孩子知道，不管遇到什么事情，都有爸爸妈妈在。

2. 讨论网络观点，培养批判性思维

网络上的信息纷繁复杂，学生缺乏批判性思维加上青春期遇到的同伴压力，往往很容易跟风，被"带节奏"，成为传播谣言的"工具人"或者沦为"键盘侠"，不经意间助长了网络暴力行为。家长可以在日常的陪伴中多主动与孩子交流对各种不同网络信息的看法，潜移默化地培养孩子的独立思考能力。案例中的家长虽然信任孩子，但缺乏与孩子的日常相处以及两代人之间的思维碰撞。家长可以每天抽取固定的时间，与孩子讨论最近的网络问题，倾听孩子的心声以及给孩子正确的指引。

3. 利用网络资源，鼓励正面行为

尽管网络世界存在很多负面影响，但同时也存在着许多有用的资源。家长应该教导孩子，如何提高自己利用网络资源的能力，并直接利用网络来发展孩子的信息管理技能。例如，孩子在学习过程中能够通过寻找学习手册、名师授课等网络资源，获取质量较高的书籍、视频、在线答疑等信息，使自己更好地进行学习。同时，孩子们也可以通过互联网向别人分享有用的知识并展示自我。对于孩子们这些正面的行为，我们要及时鼓励甚至嘉奖，以便强化这种正面效果。

【知识拓展】

数字公民身份（Digital Citizenship）是指在数字世界中作为一个负责任的、参与的和成熟的成员所应具备的一系列技能和行为。随着互联网和数字技术的普及，数字公民身份变得越来越重要。数字公民身份包括对在线互动的尊重、隐私保护、知识产权的认识和网络安全的维护等方面。它不仅关系到个人在网络空间中的行为和态度，也关系到整个社会的发展和安全。家庭可以采取以下措施帮助孩子更好地履行数字公民身份。

（1）建立家庭网络使用规则。家长应与孩子一起制定合理的网络

使用规则，包括上网时间、可访问的内容类型以及在线行为的准则。

（2）监督和参与孩子的网络活动。家长应密切关注孩子的网络使用情况，了解他们常访问的网站和社交媒体平台，参与他们的在线活动，如一起观看教育内容或参与在线互动游戏。

（3）教育孩子关于网络安全和隐私。家长应教育孩子如何保护个人隐私，避免泄露敏感信息，并学会识别网络欺诈行为和潜在的网络危险。

（4）引导孩子尊重他人和遵守网络规则。家长应教育孩子尊重他人的隐私和知识产权，遵守网络道德规范，不参与网络欺凌或传播虚假信息。

（5）与孩子讨论数字公民身份的重要性。家长应定期与孩子讨论数字公民身份的概念，强调在数字世界中作为一个负责任的公民的重要性。

（6）以身作则。家长应以身作则，展示良好的数字公民行为，如在线交流时的礼貌和尊重，以及正确处理个人信息的方式。

【心法一诀】

网络语言的魔力是强大的，它可以打动人心，传达思想，但我们也应该对其加以约束和规范。——比尔·盖茨

吴嘉予，深圳市龙华区教育科学研究院附属学校初中数学教师，余双华名班主任工作室成员。

05

第五章

生涯规划，为孩子的一生奠定基础

孩子做事拖拉、没计划，怎么办

【父母心声】

都说"不写作业，母慈子孝；一写作业，鸡飞狗跳"，我儿子已经上五年级了，我还要为他的作业操心，经常为此生气。

其实从儿子上小学低年级开始，我就一直在为他做作业的问题发愁。明明是很简单的题目，他非得东看看、西瞅瞅，摸摸头、抠抠手，15分钟过去了，纸面上还一片空白，一晚上过去了，就做了几个题。我只能坐在他旁边，时不时地提醒他："别发呆啊！快点儿写啊！"

现在孩子上了五年级，作业量比以前多了，他知道作业不能太拖拉，如果交不上作业会挨老师批评，总算能勉强完成平时的作业。可是，一到周末就打回了原形。回家第一件事就是玩，等到玩够了、玩累了，猛然发现该回学校了，但作业还没开始动。寒暑假的情况更是糟糕，漫长的假期无所事事，热情来了狂写一通，没兴致的时候翻都不想翻一页。到了马上要开学的时候才发现作业还有好多没做完，整个假期的作业压在最后几天狂抄狂补，应付了事。

孩子马上就要上初中了，以后的作业只会更多、更难，再这样下去肯定会影响学习效果，要怎样帮孩子把这个坏习惯改过来呢？

【现象扫描】

父母为孩子做作业的问题担心、发愁,是一个非常普遍的现象。很多家长从小学低年级段就开始督促孩子做作业,但是除了增加亲子矛盾,实际效果似乎并不明显。家长操心的并不是作业有多少、有多么难,而是头疼孩子怎么写得那么慢。慢即意味着效率低、浪费时间,这是家长所不能接受的。

细心的家长可能还会发现,做作业拖拉的孩子,做其他事情也经常会"东一榔头,西一棒槌""三天打鱼,两天晒网",一开始踌躇满志,实际行动起来却没有章法,很容易三心二意,半途而废。这种情况在稍大一点儿的孩子身上体现得更加明显,家长看着孩子有时间却不懂怎么安排,就干脆自作主张地把孩子的时间全部排满,免得时间又被浪费了。

孩子从小到大都在家长的安排之下做事情,失去了锻炼能力的机会,一旦孩子离开了家长的督促,就容易再次出现拖拉等行为,导致事情无法按照预期完成。这样的情形发生得多了,孩子就会感到自己对要做的事情缺乏控制力,就像脚踩西瓜皮,不知道它会滑到哪里,久而久之,就会缺乏自信、放弃责任,对学习以及今后的工作生活造成影响。

由此可见,孩子作业拖拉,其实是孩子做事缺乏计划性的一个表现,如果家长不能从根本上去锻炼孩子做计划的能力,将会带来严重的后果。

【教师支招】

孩子做事情缺乏计划性并不是天生的,而是跟家长的言传身教有很大的关系。孩子缺乏计划性，很可能是家长干涉、包办过多而导致的。那么，家长要如何培养，才能培养出做事有计划、不拖拉的孩子呢？

1. 提供示范

父母首先要为孩子提供有计划有条理的环境与榜样，让孩子能够经常看到的是有条不紊的环境，周围的大人做事都有计划有条理不忙乱，这种潜移默化的影响，是培养孩子计划性的前提。

虽然在孩子小的时候，日常安排一般是家长决定的，但是家长做好时间规划之后，需要提前告知孩子，让孩子对一天的安排有所了解，也慢慢培养孩子的时间观念。比如说，"上午10点出去玩，中午12点回家吃饭，中间有两个小时的时间哦"。对于大一点儿的孩子，家长可以把自己工作上的一些工作计划、日程安排拿出来给孩子看一看，让他知道不仅生活、学习需要有计划，做工作也是要有计划的，"凡事预则立，不预则废"，想要把事情做成功，计划是必不可少的。

2. 引导参与

当孩子能够思考和表达的时候，父母就要开始有意识地让孩子参与讨论一些事情的计划安排。比如，提前让孩子参与讨论周末的安排，比如，上午整理自己的玩具箱，下午去公园玩，然后去看爷爷……在这个过程中，要鼓励孩子发表自己的意见，如果孩子的意见合理，则予以肯定，如果孩子的意见不合适，则应帮他分析。孩子可能会提议先看爷爷后去公园玩，那么可以和他分析：去公园玩可能需要的时间会长一点，而且公园开放是有一定的时间限制的，去晚了可能就玩不了你想玩的旋转木马、小火车了，所以还是先去公园后去爷爷家合适。这样让孩子参与讨论可以使孩子明白做事为什么要有计划，怎样合理地计划。

3. 提出要求

家长以身示范，就可以对孩子提出做事有计划的要求了，经常指导孩子有计划地做事就能养成有计划性的好习惯。

例如，面对孩子做作业拖拉的问题，家长不能只是在一旁督促，而是要给予指导和训练。要求孩子对每天要做的作业进行排序，预估完成时间，然后按照计划的顺序尝试限时完成作业。可以专门准备一个作业计划本，写清楚每一项作业的内容、预计完成时间，孩子每完成一项作业就在后面写上实际完成时间，如果是在预计时间内完成的，就画上一颗小星星作为对自己的奖励，激励自己更快更好地完成作业。有了这样的习惯之后，到了周末、寒暑假，也引导孩子做好学习计划，每天完成一点点，让暑假过得有序、充实。

4. 辅助调整

让孩子养成做事有计划的习惯不是一朝一夕的事，需要父母的耐心和恒心，还要善于抓住教育的契机进行适时引导。

当孩子不能按计划完成任务时，家长很可能会认为是孩子犯懒，没有用心，问都不问就一通责备。事实上，孩子不能够按计划进行，可能是因为事前对任务的难度不够了解和对所需要时间估计不足，这种情况下，孩子的内心也是沮丧的。家长要及时了解真实的原因，与孩子一起分析问题所在，帮助孩子积累经验，告诉他，"当计划赶不上变化的时候，计划是可以调整的；但如果没有计划，一切事情都是随机，会更让人焦头烂额"。在失败的经验中学习如何及时调整使计划更合理，才能够使计划的执行更顺利。

当然，如果家长通过询问发现确实是孩子犯懒了，那么家长就要帮助孩子克服惰性。家长可以通过陪伴、监督，让孩子知道今日事必须今日完成。如果孩子拒绝配合，家长也不必为此大动干戈，让孩子自己承担后果，可能比家长说一百遍道理都管用。当孩子明白什么行为会导致不良结果之后，并且需要自己承担，就会自觉地完成属于自己的任务了。

5. 适时放手

家长培养孩子做计划，最终的目的是让孩子能够具有自己做计划的意识和能力。所以，家长们一定要给孩子一定的空间，切勿在培养过程中把孩子的主动性剥夺了。很多时候，孩子对一件事情积极性不高，不愿意做，归根到底是因为父母参与太多、干涉太多，让他感觉到自己就是个傀儡或者木偶，没有成就感和参与感。这也是为什么家长从一开始培养孩子做计划时，哪怕孩子很小也要引导他参与进来的原因，要让孩子知道这是他自己的计划，不是父母替他做的计划。就算是孩子的计划很不合理，或者与家长的意见是相背离的，也不能完全否定孩子的计划而用家长的计划来替代。

【知识拓展】

研究发现，缺乏计划性对人的一生影响巨大。

（1）容易荒废青春，虚度时光。制定计划有助于我们把时间有效利用起来，而没有计划，时间就像一盘散沙，不知不觉地从指尖溜走。

（2）没有方向性，时常感到迷茫。计划的结果是我们想要达成的目标，为目标奋斗会让我们感到有价值。当没有计划的时候，我们看似不被目标约束自由自在，却反而会因为没有目标而感到困惑、迷茫。

（3）对自己定位不清楚。经常制定计划的人，对自己的定位会越来越清晰。缺乏规划的人，由于缺乏自我探索而搞不清自己的真正实力，不知道什么是适合自己的。

（4）难以获得较大的成就。缺乏计划性的人缺乏对未来的预测与准备，既不能抓住可能的机遇，又无法规避未知的风险，下一步如何发展完全凭运气，大部分情况下都难以取得较高的成就。

（5）难以享受闲暇时光。没有紧张有序的工作就没有轻松自在的闲暇时光。如果一直处于懒散状态，虽然不用付出努力，却避免不了现实的压力以及内心的惶恐，不管是工作还是生活，效率都很低。

【心法一诀】

培养孩子做计划的习惯和能力，增加孩子对生命的掌控感，才能让孩子过更高质量的生活。

郭琪琦，深圳市第二实验学校高中生物学教师，深圳市教育科研骨干。

培养孩子的目标感和执行力

【父母心声】

我是一名小学三年级孩子的家长，我的儿子叫陈晓骏。孩子在小学一二年级就表现出不主动完成作业，需要回家家长监督才能完成的情况。好在小学低学段学习内容比较简单，老师在学校抓得也比较紧，成绩勉强能跟得上，在班里一直处于中上游的水平。二年级时老师增加了阅读任务，儿子虽然能坚持，但他的表达能力好像一直没有明显的提升。

到了三年级，我发现孩子每次课后延时回家都剩一堆作业，回来写完作业再督促他阅读打卡，磨磨蹭蹭下来都十点半了，有时候甚至熬到了十一点，因此也总会接到各科老师的"投诉"，说孩子上课竟然睡着了！作为家长看在眼里也急在心里呀！后来跟老师交流，发现孩子在课后做作业时一直在看课外书、画画、折纸，总之只要与写作业无关的事情他都做了遍！上次期中考试，本来成绩在中游一下子降到了倒数，作文基本就没写出来几个字！

他不仅写作业拖延，做其他事也是慢悠悠，心不在焉的，这导致他从开学到期中，已经丢了不下10条红领巾和队徽了，田字格本和彩笔也是一买再买，再这样下去家里都快变成文具批发市场了！我时常批评他，也会做一些奖励性质的表格来改变这个现状，但是依然没见好转。我该怎么引导孩子呢？

【现象扫描】

听到小陈同学的故事，站在家长的角度对孩子的状态肯定也是担心忧虑的，可以感觉到陈妈妈是负责的、渴望孩子优秀的家长。三年级在小学阶段真的是一个分水岭，一些家长会发现孩子一上三年级，似乎变"笨"了，上课听不懂、作业写不完，成绩一直在下降，有些孩子甚至因为退步比较大，自暴自弃，时间一长，对自己的自我认可度会越来越低，把自己归类为"差生"行列。

从家长角度分析。家长事无巨细地照顾孩子会剥夺孩子学习的机会，同时也就失去了发展能力的机会。心理学家阿尔弗雷德·阿德勒在《儿童人格教育》中指出："一个有拖延习惯的儿童背后，总有一个事无巨细、为其整理收拾的人。"

从学生角度分析。我们所做的任何一项决策或事情，都要消耗一定的心力，我们所做的一切行动都需要相应的心理效能，即我们常说的精神能力消耗。如果孩子的执行能力下降，很有可能精神消耗过多，我们的大脑就好比手机，所有的应用程序都是我们要做的事情，点击新应用程序，手机运行速度会变慢，耗电或死机。当孩子每天有很多事情没有完成的时候，如果去做，就会忙得不可开交，因此就一直拖延甚至不去做。这在不知不觉中控制了孩子的大脑思维，孩子的消耗比储备得要多，他们知道现在该做的事，却在大脑中产生拒绝心理，导致做事总是延迟。

【教师支招】

培养孩子自我支配时间的能力，杜绝做事拖延、执行力差的现状，我认为家长可以从以下几方面改变观念、完善家庭教育方法。

1. 激发孩子的内驱力

现在家长经常说这样一句话："不是孩子主动学,是我求着他学。"家长都知道培养内驱力的重要性,但是现在很多孩子缺少的就是内驱力。美国心理学家瑞安和德西在"自我决定论"中提出:"心理需求有三种,即归属感、自主感和成就感,所有人都需要满足。当这几方面的心理需求得到满足时,就可以提升内在的决定动机。"想要提高孩子的学习内驱力,可以从以下两方面入手。

一方面,可以通过正面语言,创造无条件接纳的归属感。在与小陈同学交流时,父母可以尝试放低姿态,与孩子站在平等的位置上看待事情。比如,孩子成绩不够理想,要看见孩子的情绪让他感觉到自己是被父母接纳和包容的,看到父母对孩子的态度是不会因为分数而改变的。

另一方面,可以尝试用选择性提问代替命令式提问,比如,在他因为不想写作业而拖延时,可以给孩子选择的权利:"你是先做语文作业还是数学作业?"让孩子自己决定做作业的先后顺序,逐步把主动权给孩子。也可以渗透启发式提问,在交谈时,父母可以鼓励孩子表达情绪、表达想法,同时引导孩子深入思考后再去做决定。最后,加入激励式的小游戏,激发成就感,孩子可以通过完成每项任务获得相应的奖励。孩子学习时,可以把目标推进分成几个新的目标,在完成小目标时,确认自己有能力完成,从而获得成就感。

2. 培养孩子执行计划的意识和能力

执行计划的意识和能力,不是短期内形成的,而是在家长长期的引导下养成的。家长可以从小事做起,和孩子一起制定短期能完成的计划,按时完成后,再反馈、调整等,以此来训练孩子执行计划的能力。

计划制定的难易程度,直接影响执行者的执行勇气,如果孩子在第一次执行完美严苛的时间计划时，发现做起来很困难，自信心就会受到极大的打击。所以在孩子制定计划的时候，家长应该作为主要的辅导者，和孩子一起商量该怎么规划。

首先，设置的计划应该是操作性强的。比如，小陈妈妈可以引导孩子规划到具体的一天或半天，如今天上午我要听写完三个单元的词汇，或者背20个英语单词，这些计划应该是可行性强，可以实现的。

其次，每天的计划应少不多，尽可能不要将计划全部排满每天，等到孩子因为突发事情无法完成或者计划内容过多完成不了，会严重打击孩子的积极性。一天两天下来，如果计划都无法按时完成，可能还会让孩子怀疑自己的能力，从而导致更严重的自信心丧失和懈怠心理。

最后，计划最好是就简不就难，如果上来就要求孩子完成一张跟平时难度梯度相差极大的试卷，或者要求孩子一下子要跳200下跳绳，从开始孩子就会产生畏难心理，即便按照父母的要求完成这些被安排的任务，孩子也不会心甘情愿。因此，小陈父母可以布置一些简单的小任务，比如，每天做10分钟家务，每天阅读半小时书籍，由小见大，养成好习惯。

3. 父母积极鼓励

孩子在执行计划时，父母要理解孩子的失败，并偶尔"打回原形"。当一个长期处在舒适区的孩子，好不容易鼓起勇气，想挑战一下以往的自己时，家长不能在孩子失败后训斥、嘲笑，这样会使他更加确信自己就是无法改变，以此带来的习得性无助感，会让他再也不愿意执行计划。

家长作为情绪的容器，更应该在孩子灰心丧气的时候给予鼓励，执行时监督，以加强孩子的自我效能感，让他在挑战中成长。充满希望、激情、满足感和内心的成就感会让孩子的目标更加持久，父母积极的语言和行为暗示，会成为孩子最大的安全感来源。

孩子还可以自己设置一些奖惩措施。比如，当一周内作业都在9∶30之前完成并且按时入睡，孩子就可以从零花钱中拿出一部分奖励自己来买一本自己喜欢的课外书，或者要求父母带自己去远一点的游乐园放松心情。这种积极奖励也就成为下次一定更好完成计划的内在驱动力。不过，通过物质奖励激发孩子的积极性是一种短期有效的教育方式，最重要的要让孩子自己认识到事情的意义和价值，培养孩子的责任感和自主意识，从主观上影响孩子，以此方式给孩子带来满足感，才会有更加强烈和深远的影响。

【知识拓展】

小学阶段经常会遇到孩子拖延的情况，表现为孩子知道有任务但就是磨蹭着不想去做，即使开始做了，也会分心，出现抠笔、抠书、抠橡皮等现象，或者忙东忙西做一些不重要的事情，导致重要的事情最后还没完成。拖延的原因可以归结于做的事情不容易搞定、太难、太耗时间甚至没把握，说白了是孩子没信心或者没耐心做。

家长可以引导孩子，先开始做，再要求完成、完美。从最简单、不费力气、不费脑子的小任务着手，让大脑逐渐"预热"，再把大的任务拆分成最小单位的子任务，一个个小任务的完成，会让孩子增加一份成就感。一些孩子可能对做成一件事抱有较高的期待值，导致不够自信不敢去做、怕做不好，父母应该引导孩子，打消孩子想要一次就把事情做到完美的心态，鼓励孩子、肯定尝试，先做完再要求完美。此外，父母要关注孩子在过程中收获到的，削弱看重结果的观念，认可孩子在完成任务过程中的小耐心、小创新和小决心！

【心法一诀】

莎士比亚曾说:"只有鼓起勇气才是办法!凡是无法逃避的事情,如果光害怕、着急,那只能算是幼稚、软弱。"

刘夕冉,深圳市龙华区教科院附属学校小学语文教师,佘双华名班主任工作室成员。

孩子的理想不够远大，怎么办

【父母心声】

有一天，儿子放学回来非常委屈地和我说起了一件事。

在关于理想主题班会竞赛课上，年轻的班主任兴致勃勃地问："同学们，你们有什么理想呢？"儿子站起来回答说："我的理想是做一名有钱人，有好多好多钱！"年轻的班主任环顾四周，发现有不少学生哄堂大笑，班主任发现评委也都把目光齐刷刷地盯着他。这个意想不到的情景让班主任猝不及防，他一下子脸红了……下课后，班主任把儿子叫到办公室，问儿子的理想为什么是当一名有钱人而不是做一个更有远大理想抱负的人呢？儿子感到很委屈，回家之后马上向我倾诉了这件事。

我先思考了一下：孩子要成为一个拥有很多钱的人对吗？乍一听，好像有点对，但又不对。如果我竖起大拇指大赞："你真棒！你真棒！"，这样岂不是有可能给孩子造成误导，把孩子引上"唯利是图"的方向吗？反过来想，如果我刻意回避"谈钱"的问题而勃然大怒，对孩子的想法严厉批评和打击："你怎么能有这样的理想呢？这不是要变成金钱的奴隶吗？"这种武断的做法将会打击孩子幼小的心灵而让孩子不知所措。抑或我避而不答或敷衍应答，但这不仅让孩子忐忑不安，而且会给孩子心中留下一团疑云。我该怎么回复孩子并加以正确引导呢？

【现象扫描】

在一般情况下，很多家长不愿意和孩子谈论金钱、爱情、性等敏感话题，然而教育的目的之一就是将学生从一个自然人培养成一个社会人。当孩子走出学校进入社会之后，金钱、爱情等敏感话题都是学生需要面对的生活内容。

正确的理想会激发人的斗志与潜力，激励个人为理想而不懈拼搏，有的人成功了，实现了理想，有的人却失败了，止步于实现理想的征途中，还有的人不仅没有实现理想，反而与理想背道而驰，跌入万劫不复的深渊。冷静思考，认真分析，家长可以从诸多现象中抓住其本质原因，从而明白实现理想的结果之所以不同，那是因为人们对理想本质的认识以及实现理想的途径不同所导致的。

作为一个小孩子，要想拥有很多钱，他既没有基于现实的考虑，也没有充分考虑实现理想的方法措施。也许，这个孩子也只是说说而已。但是，作为家长理应成为孩子成长路上的重要引领人，不仅要有意识地引导孩子树立正确的远大理想，还要及时纠正孩子思想的偏差。所以，就算这个孩子只是说说而已，家长也不能听而不闻、视而不见，而要抢抓教育时机，实现教育效果最优化。

【教师支招】

大禹的父亲鲧采用在岸边设置河堤的障水方法治水，虽然长达9年，却未能平息洪水之灾。大禹从父亲治水失败的经历中总结教训，改变了治水的思维方式，弃"堵"为"疏"，奋战13年，终于完成治水大业。因此，家长对于孩子"公然"提出的要"挣很多钱"的理想之类的敏感话题不必回避，也不能回避，正面引导方为上策。

1. 处理好小心愿与大目标的关系

既然理想是人们对未来社会和自身发展的追求，那么理想一定是大目标，是需要通过努力追求的；理想一定是未来的，是需要经过一段时间或者若干年后才能实现。也就是说，理想具有延时性和高难度性。因此，我们在确定未来的、大目标的理想时，首先要考虑眼前的小心愿如何确定。上述孩子要树立"拥有很多钱"的理想，是一个大目标，而且要经过若干年后才能实现。基于这一点，家长不能武断地说孩子树立的这个目标是错的，而要根据理想的延时性和高难度性，引导孩子确立眼前的、容易达成的小心愿。让孩子体验到只有将一个大而难的目标，分解为一个个小而容易的心愿，并且实现了一个个小而容易的心愿，才有可能接近并实现大目标；也只有珍惜当下，把握好现在，才能应对处于变化中的未来。天上是不会掉馅饼的，再廉价的馅饼都是通过劳动获得的。如果躺在床上等待理想的实现，甚至在追求理想的过程中只是虚于应付，最终只会落入空想的状态。对于孩子而言，当下之急，就是要遵守学校的规章制度，养成良好的学习与生活习惯；在校听从老师的教诲，认真学好每一门功课，全面发展，提高自己各方面的能力；在家听父母的话，做一个好孩子。这里的好习惯、好成绩、强能力、好孩子都是学生当下需要实现的一个个具体而相对容易的小心愿，这也是现实未来"挣大钱"的远大目标的基础。家长可以不反对孩子将来挣大钱，但在挣大钱之前，先把眼前的事做好才是首要的理想，或者说是实现理想的前提条件。

2. 处理好小需要与大追求的关系

梦想未来成为一个拥有很多钱的人，是否属于理想呢？很显然，这是一个理想。但这个理想实现了，能满足我们哪方面的需要呢？这个理想只能满足我们物质方面的低层次需要。因此，我们要引导孩子，不能仅限于未来成为一个很有钱的人，我们还要讲究理想的层次。我们的理想，除了追求物质理想之外，还得追求精神方面的追求，直至实现自我。比如，家长可以引导孩子：我们是否可以成为一个在精神方面拥有良好品质和修养的人，从而谈吐文雅而不只是满嘴的"铜臭味"？我们是否可以成为一个拥有丰富文化科学知识的人，从而成为一个儒商？我们是否可以成为一个遵守社会规则，从而无损公德而有益于社会的人？有了这一切，我们不仅口袋有钱，而且脑袋有"货"，心中还有爱。所以说具有精神境界追求的理想，才算得上具有大追求的理想。

3. 处理好小想法与大抱负的关系

理想是分种类的，也是有层级的。理想可以通俗地说成想法，是由一个个小想法蝶变、进阶而成大抱负。一个人可以有不同方面的理想，也可以有不同层级的理想。《礼记·大学》中说的修身、齐家、治国、平天下，可以说是一个人不同层级理想的进阶，从提高修养，建设家庭，到治理国家，心系天下，每一层级都是一个需要不懈奋斗努力的结果。因为理想是一个人世界观、人生观、价值观的集中体现，因此，家长务必要引导孩子在树立理想的过程之中植入"精神之钙"，要拥有家国情怀，要拥有胸怀天下之志。北宋范仲淹的"先天下之忧而忧，后天下之乐而乐"，明末清初顾炎武的"天下兴亡，匹夫有责"等，无一不是树立了具有家国情怀和胸怀天下之志的大理想。家长既要引导孩子"抬头看路"，未来担当起民族复兴的大任，将个人的理想与中国梦紧密联系在一起，又要引导孩子"埋头拉车"，打下树立并实现未来理想的坚实基础。

【知识拓展】

美国著名的社会心理学家马斯洛的需求层次论告诉我们，人类的需求是分层次的，从低到高，依次分别是生理的需求、安全的需求、归属和爱的需求（也叫社交需求）、尊重的需求、自我实现的需求。通过这个需求层次论可以清楚地看出，生理需求是人类最低层、最基本的需求，主要包括水、食物、睡眠等内容。生理需求是人类的首要需求，只有物质需求得到满足，人们才会追求更高层次的需求。在我国脱贫攻坚取得全面胜利实现小康，满足人们对美好生活的向往已成为现阶段的主要目标，追求高层次的需求已成为社会时尚。所以，家长应该引导孩子拥有精神的追求与向往，将归属与爱、尊重和自我实现的需要融入到所树立的远大理想之中。

【心法一诀】

理想是动力之源，是成功之阶，是人生幸福之基。

谭国发，湖北省秭归县教育科研信息中心德育教研员，秭归县中小学班主任名师工作室顾问，宜昌市学科带头人。

如何引导孩子进行专业选择

【父母心声】

我是一名高三学生家长,女儿嫣然经过刻苦努力,高考取得了较为理想的成绩,作为家长的我们深感欣慰和自豪。马上要填报志愿了,但孩子对自己的未来没什么具体想法,我们问她:以后想要学习什么专业,从事什么行业,有没有喜欢的方向。她开始说没想好,不知道。后来说喜欢地理,以后想做野外考察之类的工作。身为高中教师的我,深知基础学科的就业范围窄,就业难度大,我们不想让孩子未来的生活多走弯路,也不想她因为不懂专业选择的重要性而后悔自己现在的决定,因此我们曾几次尝试与她沟通,告诉她地理专业的就业面很窄,如果她不想进入科研领域、做中学教师这类工作,还是不要选择。并尝试提出希望她能去就业前景比较好的计算机、人工智能、经济金融等热门专业。但几次沟通下来,孩子的想法不仅没有改变,想学地理的心愿反而更加坚定,连续争吵了几次以后,家庭关系也变得日益紧张,我们甚至不知该如何与孩子沟通,总感觉有心无力。怎样才能够帮助她树立更加科学的就业观,在自己的个人爱好与未来从事的职业之间找到平衡点,合理安排好自己的职业生涯规划呢?

【现象扫描】

嫣然同学能在高考中取得如此优异的成绩，离不开父母的精心培养和个人的不懈努力。从原来的听话懂事到现在坚持自己的想法、不肯采纳父母的建议，主要源于两代人对未来职业发展的认知差异，具体的矛盾点在于：如果个人的爱好很冷门，或者就业范围不佳，能否作为未来从事的职业，这是一个值得所有人探讨的问题。

从孩子角度看，嫣然同学是一个有独立思考能力且有一定主见的孩子，她能够发现自己的爱好，并想要以爱好作为未来职业的发展方向，相比于目前大多数高中毕业生对未来十分迷茫，不知道如何择业，她至少是有想法的，只是这种想法更偏重个人爱好，缺乏现实考量。

从家长角度看，其一，家长对孩子不够了解、不够尊重、不够认可。对孩子的爱好没有充分了解，对孩子的选择没有给与尊重，对孩子的择业观不仅没有肯定更没有清晰的指导，还缺乏关注孩子成长过程中的需求。根据马斯洛需求层次理论，孩子有尊重和自我实现的需求，却没有得到家长的肯定与助力。其二，亲子之间缺乏有效沟通，父母虽然建议孩子尽量选择就业前景好的专业，但并没有通过各种方式真正让孩子感受到冷门专业的就业困难程度，并没有真正从孩子的视角解决问题，让她知难而退，反而让孩子感受到"父母对自己的控制"，产生了逆反心。

嫣然同学的个人主见与她的选择确实会让父母感到焦虑，但也无需太过担心，这是一个认知发展和现实存在矛盾冲突的问题，是这个时期的孩子容易出现的一个普遍问题。同时段可能出现的其他问题还包括"孩子对未来感到迷茫，不知道未来想做什么"这类的问题。

【教师支招】

帮助孩子充分了解自己、了解职业，学会尊重、倾听孩子的意愿，并适当给予建议，才是父母对待此类问题的解决方法。

1. 让孩子充分了解自己

18岁，从社会意义上讲已经属于成年人，但实际上这个阶段的孩子，一直处在沉重的课业负担下，他们对社会的认识、对职业的认识，甚至对自己的认识都是不够清晰的。高中对学科的喜欢，延续到大学实验室，再到未来工作岗位上，还会不会继续喜欢？孩子到了大学，接触了更广阔的世界以后，会不会寻找到自己更热爱并可以为之奋斗一生的事业，因而后悔现在的选择，却又无力改变呢？我想这也是案例中嫣然父母所担心的。因此，带孩子更深入地了解他们自己就显得尤为重要。家长可以通过与孩子深入沟通，了解孩子的内心世界，并通过一些专业方式带领孩子剖析自己，逐步明确"喜爱地理，是源于对老师的喜爱，还是对广阔世界的向往，或者只是因为这门学科学得好让自己有成就感"，等等。让孩子在与家长沟通、不断剖析自我的过程中，逐渐完善对自己的认识，了解自己内心深处最真实的想法，从而做出更理性的决定。家长在这个过程中，需要做到的主要是引导孩子自主思考，尽量选择一些有层次性、递进性的问题，逐渐深入孩子内心，对话过程中要注意态度，与孩子平等对话，不要让孩子产生压迫感。

2. 带孩子了解并体验各种职业

我们十分理解嫣然父母的考量，地理这类基础学科，确实在就业过程中没有优势，科研方向较窄，需要野外考察，如果不继续深造，那么大概率会成为一名中学教师或者环境、城市规划等部门的公务员，如果孩子本身不喜欢这类没有挑战、稳定、十几年如一日、一成不变的工作类型，那么这大概率不是一个合适的选择。目前的高中教育，并没有把职业教育纳入课程体系中，在对各种职业不够了解的前提下，通过高考结束后的专业选择来决定孩子未来的就业方向，是不够明智的。因此家长可以在初中或者高一高二学段，带孩子亲身了解并体验社会生活中各种不同的职业，比如，开展"每周体验一种职业"活动，带孩子到学校、医院、政府部门、博物馆、公交地铁等公共场合去观察教师、医生、公务员、公交司机、博物馆工作人员的一日工作日常；通过自己的人脉，利用寒暑假让孩子到IT、金融等各类公司去实习，亲身体验社会百态；对于科研、考古这类职业，可以带孩子去听各种讲座，也可以请不同专业的本科、硕士毕业生来给孩子讲述自己的亲身经历，这样更加具有说服力。孩子在体验各种职业的过程中，会感受到人生的更多可能性，对自己的未来择业方向也会更加清晰。

3. 尊重孩子，倾听他们的心声

尊重孩子，不仅体现在尊重他们的人格，更要学会倾听他们的声音，尊重他们的决定。这个阶段的孩子，自我意识在不断增强，家长必须要承认他们是独立的个体，他们渴望自己决定自己的一切，作为家长应该关注孩子的这种需求，并加强引导，不要把自己的意志强加给孩子。相处过程中，要学会换位思考，保持同理心。当我们带着尊重的心态来理解孩子的处境，倾听孩子的诉求，表达对孩子的关心，孩子就可以勇敢地讲述自己内心的困惑，感受到来自家长的关爱，此时再一起分析问题、解决问题，就可以避免争执，起到事半功倍的效果。一旦孩子通过各种途径充分了解信息、接受各方建议并做出了选择，家长要做的就是充分认可他的选择并提供各种支持，让孩子感受到自己是被尊重、被认可的。

案例中嫣然父母虽然本意是为孩子好，担心孩子将来多走弯路，但作为父母也应该清楚地知道，人生本来就是充满不确定性的，高考结束后的专业选择并不能决定孩子的一生，哪怕在此时为孩子做好万全的准备，或者让孩子按照父母的想法选择，也无法保证孩子未来的人生一帆风顺。"授之以鱼，不如授之以渔"，最好的教育永远是言传身教，是父母从小教给孩子为人处世的方法，是对待世间万物的坦荡、知足、勇气与毅力。

【知识拓展】

《每个孩子都需要被看见》一书中讲述了一个核心的概念：父母和孩子的正常关系应该是依恋关系，这种依恋关系是父母与孩子之间的心理脐带，是发生教育行为的基础。

在学校工作多年以后，我发现孩子所有的行为问题，大到自杀自残、欺凌或被欺凌、具有攻击性、抑郁症等，小到行为叛逆、社交障碍、对未来感到迷茫失望等，归根结底，几乎都是人际关系问题。面对父母的看不见、不重视、不理解，孩子从最开始努力地让父母看见自己，到一次又一次的失望，到最后放弃挣扎，出现行为问题，这个时候父母再想强制教育为时已晚。孩子不会因为父母生养了自己，就自愿服从父母的管教，只有当父母和孩子建立起依恋关系，孩子才乐意接受父母的教育。而建立依恋关系的前提是被看见、被尊重、被理解。父母需要了解孩子行为之下的真实需求，并及时回应，才能与他们建立强大的心理链接，教育才会发生。

【心法一诀】

生命的本质是渴望被看见。成年人渴望被爱人看见、被朋友看见、被领导看见、被社会看见,而孩子渴望被父母看见。

范妍妍,深圳实验学校光明高中部化学教师,深圳实验学校优秀园丁、优秀班主任。

如何帮助孩子进行职业生涯规划

【父母心声】

小鸿现在是高一学生，成绩中等，最近学校进行分科，让孩子自己选择高考的科目，但小鸿和我们家长的意见不一。

作为父母的我们，平时对要求孩子比较严格，尤其是学习上，我们每天督促孩子定时学习，晚上学习到11：30才去睡觉。在最近一次月考中，孩子又考砸了，在班级退步了25名，作为家长我们开始焦虑了，因为再过两个月，就要选择高考的科目了，这样的成绩很难作出最佳选择。我们认为孩子选择理科类，以后就业面广些，因此让孩子多花点时间在物理、生物这两科上，还给孩子请老师额外辅导，但孩子的成绩仍没显著提高。

在一次月考后，孩子成绩仍没提高。我们很失落，没有在意孩子的情绪，孩子他爸还反问"为什么这次还是老样子"。最近，班主任也反馈小鸿情况有点不同往常，例如，默写题，完全默错知识点；上课容易打瞌睡；课间不和同学交流，在座位上发呆等。眼看着就要分科了，我们还坚持让孩子选择物理、生物这两科，但小鸿说："这两科不是我喜欢的科目，而且成绩在几次月考中并不理想，选择了这两科反而不利于总分啊。"我们的意见发生了分歧，作为父母我们很焦急啊，孩子的选科我们可以做些什么，孩子要进行高中职业生涯规划时，我们可以为孩子提供哪些帮助呢？

【现象扫描】

目前普遍存在父母对于孩子进行高中职业生涯规划的教育意识比较薄弱的现象。父母对于孩子的选科问题，常与孩子有分歧，而且家长难以很好地指导孩子的高中职业生涯规划，这确实让家长很焦急。

第一，家长高中职业生涯规划意识薄弱。家长一般都比较看重孩子在学校的成绩，并没有真正做好孩子的高中职业生涯规划，新高考选的科目"3+1+2"的方式，从物理与历史的科目中做选择，让孩子选物理，简单地把"选物理"等同成"好就业"，简单地认为读了物理以后，选大学的类型、大学专业都会有更多的选择余地，但并没有从孩子本身出发，没考虑孩子的爱好、兴趣，这样选出的科目只是暂时度过了高中时段，到了大学，孩子很难从不感兴趣的事情里继续维持下去。

第二，家长容易打击孩子的自信心。在每次考试后，第一时间总是只问成绩，没有理会孩子的感受，考砸了，大多数时候都是给孩子泼一盆冷水，给孩子沮丧的心情"雪上加霜"。

第三，给孩子很大的学习压力。现在的父母一般都是关心孩子的成绩多于孩子的身心情况，比较担心孩子的成绩下滑，有的父母甚至强迫孩子每天学习，孩子没有个人的娱乐、运动时间，这样给孩子的身心造成不少的损害，容易造成"书呆子"或者一定程度上的抑郁。

【教师支招】

家长能否给予孩子高中职业生涯规划方面正确的指导，影响孩子身心健康发展，甚至影响孩子的一生，因此家长有必要发挥引导作用，给予孩子帮助。

1. 树立正确观念，做好职业规划

观念引导行为，正确的观念引导家长积极向上，让家长与孩子产生"同频共振"。家长的观念极大影响孩子的学科选择，因此家长要树立科学的职业生涯观念，多关注新高考改革方面的资讯，做到无师自通。此外，家长还让孩子树立平等的就业观念，"三十六行，行行出状元"，就业没有富贵和贫贱之分。

家长要有不断学习的意识，要主动承担家长职责，不能认为这是学校或老师做的事情。家长还要迭代更新自我，根据新高考方向，了解就业状况、学科与职业相关度、孩子爱好等信息，收集、分类这些对孩子制定计划的有用信息，整理成文档，家长与孩子一起制定职业生涯规划。高中生涯三学年的目标都围绕孩子的兴趣与学科衔接：高一阶段可以让孩子在各学科中大胆初探，尽情发挥；高二阶段，让孩子根据兴趣、各科成绩和以后就业方向等进行选科，确定想考取的大学；高三阶段，让孩子全力以赴理想的大学，切实实现自己的高考目标。

2. 与孩子定期沟通，营造有归属感的家庭氛围

家长要学会一些沟通的技巧，一要学会倾听，不打断、不评判地听，听的过程不要发表任何意见，适当的肢体语言，如诚恳的眼神、身体微微倾斜、不时点头等告诉孩子"我在倾听"。二要积极共情，站在孩子的立场上思考，理解并感受孩子的情感世界。三要尊重、平等对待孩子，无条件地接纳孩子，多用建设性的语言沟通，比如，我们应该如何进行选科，选这一科对以后的就业产生哪些积极影响等。另外，还要设定与孩子沟通的次数、时间、主题等，比如，每周至少一次，沟通时间长达半个小时，沟通内容是如何选科、选科与就业方向的关联、选科后如何提高成绩等职业生涯方面的困惑。

与孩子定期沟通，有助于家长及时了解孩子的想法，增进家长与孩子的情感，增加孩子对家庭的归属感。只有孩子对父母产生信任，才能更好地接受家长对其高中职业生涯规划的指导。

3. 发现孩子的兴趣所在，给予支持与鼓励

兴趣是最好的老师，家长要有一双会发现孩子兴趣的眼睛，平时多留意孩子业余时间喜欢干什么。如，孩子比较热爱运动，在肢体动作方面比较协调，可以考虑运动员、舞蹈演员等职业；孩子比较喜欢看书、爱思考、性格开朗，可以考虑当教师、作家等职业；孩子比较喜欢尝试各种小实验，可以考虑工科类的职业；孩子喜欢摄影、美食，可以考虑文艺类的职业等。

当发现孩子喜欢做某个事情或热爱某学科，家长不应该急着下判断，不应急于把自己的想法硬塞给孩子，不应认为自己的想法才是对孩子最好的。当孩子对某事或某学科感兴趣时，家长应该抱着良好的心态，以欣赏的态度对待孩子，多给予孩子正面的支持，多一些正能量的语言，了解孩子内心想法，多用赞美的话语肯定孩子，让他感受到家长的理解、支持，激发孩子的内驱力，进一步巩固孩子的兴趣。

4. 搭建各种平台，增强孩子的体验感

家长要善于利用各种资源，为孩子创造体验职业的机会。走出家庭、走出校门，亲自去体验多种多样的职业岗位，让孩子了解当下的就业形势、就业岗位，促进孩子对以后的就业方向有更清晰的想法，更了解自己的长处。

家长善于利用亲戚朋友的关系留意职业体验的机会，也可以留意自己身边的资源，如社区、工作单位、志愿者等，为孩子争取体验职业的机会。家长要有放手的心态，让孩子勇敢去体验，畏手畏脚只会阻碍孩子前进的步伐，放心地让孩子去做他想体验的职业，吃点苦头

或许才能更好地定位自己的职业方向。

【知识拓展】

"家庭是青少年生活的重要场景，为青少年的职业生涯探索提供重要的资源，并潜移默化地对青少年的职业认识产生影响。父母对于职业的态度和行为也会对子女的生涯规划产生潜移默化的影响。"著名职业生涯规划大师舒伯把职业生涯发展阶段划分为成长、试探、建立、保持和衰退。处于探索期的高中生，应该全面探索自我、探索世界、探索适合自己的职业，而父母不能阻止孩子自我探索，不能强加自己的决定给孩子。

高中生处于职业生涯阶段的探索期，是充满自我矛盾与外界矛盾的阶段。这时父母要转换角色，成为孩子的"智囊"，学会放手，让孩子成长起来。

溺爱型的父母，应与孩子订立规则，引导孩子树立目标；权威型的父母，应多鼓励孩子，让孩子表达内心想法；忽略型的父母，应多关注孩子的生活、学习等，常与孩子交心，增进亲子关系；控制型父母，应做到尊重、接纳孩子，学会适当放手，让孩子做出选择。父母在孩子处于职业生涯发展的探索期，要充分发挥孩子的主动性，让其发自内心地探索适合自己的职业，去寻找自己的未来之路。

【心法一诀】

"划"出美好人生是孩子的头等大事，父母要担起生涯规划教育的重任，帮助孩子赢在人生起点。

陈俊因，茂名市第十六中学高中政治教师，茂名市张海恩名教师工作室学员。

06

第六章

性教育：科学教育，不必回避

朦胧的"爱",宜"疏"不宜堵

【父母心声】

女儿佩佩,性情文弱,典型的"小鸟依人"型,从小到大都是我带的,爸爸常年在外打工,每周周末会跟孩子视频,家里还有一个刚上幼儿园的妹妹,姐妹俩关系很好,姐姐住校,每周放假都会用自己的零花钱给妹妹带小零食。但是上了九年级佩佩变得不一样了,她不再像往常一样黏着我,不再特别花心思给妹妹带小零食了,不再叽叽喳喳地围着我说学校里的事了,爸爸的视频电话她也不愿意接了,一回家就钻进小书房,说是作业多,要安静做作业。佩佩的成绩一直很好,加上毕业班功课多、学习压力大,我也就没有多想,很放心地让女儿独处。但是在九年级第一次月考后的家长会上,我被老师单独留了下来,老师说,佩佩上了九年级就像变了一个人,以前她很活泼、很阳光,班级活动很积极地参加,在书法、绘画、演讲、作文竞赛上都拿过奖状,但最近她什么活动也不参加了,给她做工作让她参加都被她以作业多为借口推掉了。老师拿出了一份成绩单,一直排在前三的佩佩掉到了班级十名以后,我的心一下子揪起来了,佩佩这是怎么了?出了什么事?我得快点弄清楚,晚上佩佩像往常一样扒拉几口饭就进了书房,不一会我端着一杯牛奶推门而入,看到佩佩正在用QQ聊天,她听到声音马上锁屏了电脑,小脸都变色了。我装着没有看到,第二天请人查了她的上网记录,发现她有时候夜里两三点还在上网,直觉告诉我佩佩谈恋爱了。

【现象扫描】

　　初中生"早恋"一直是老师和家长避之不及、谈之色变的问题,我们担心早恋会影响人际交往、学业、心理健康以及日后的正常生活等。佩佩特殊在她正读九年级,面临着人生的第一次大考。我们都知道,对农村的孩子来说,要想跳出"农门"、改变命运,最可靠的途径就是好好学习,可是在这个节骨眼儿上佩佩掉链子了,站在父母的角度,这是要命的事情。但不管是佩佩的父母还是佩佩身边的长辈,大家都忽略了佩佩处在青春期,他们忘记了青春期孩子的生理、心理发展,忘记了自己也从青春期走来,也曾经历过小心翼翼的"早恋"。哪一个成年人不是从青春期走过来?哪一个青春期没有朦胧的爱和对爱的向往?回想曾经的自己和身边的同学、伙伴,都有过那么一段真真假假的"初恋恋情"。处在那段"地下斗争"岁月里的人,如果强硬、生硬地被压制,其结果可能会有两种——要么逆反加倍导致孩子恋情泛滥到不可收拾,要么导致孩子灰心丧气,心灵受伤。但"早恋"又不能听之任之,如何保护好孩子不受伤害,保护孩子纯真的情感不受玷污,又能把早恋引向正常的渠道,帮助他们安然度过青春期,成为我们处理早恋问题必须考虑的因素。

【教师支招】

1. 建立信任,以共情之心坦然面对

　　随着青春期的到来,初中生在心理上自我意识越来越明显,他们有强烈的表现欲,渴望自由,心理上觉得自己已经是大人了,对老师家长的管束表现出不满或不服。随着生理上第二性征的出现，他们的逆反行为也越演越烈，稍微遇到一点挫折就会出问题，早恋可能是他们逃避、解决问题的出口。所以，中学生早恋极易产生，而且一旦出现，就不好消除。对于孩子，最重要的是建立信任，在这种情况下，家长要以平等的视角和孩子做一次谈话，可以采用以下话术和技巧。

"你跟琪琪还好吗？"妈妈直入主题，一下子把她问愣了，她没想到妈妈这么快就知道是谁了，她羞涩地低下头，不知道怎么说。"初中喜欢男生很正常，别怕。"妈妈拉着她的手，"其实你别说，你的眼光还不错，琪琪挺好的"。（妈妈这么说，是为了尽快争取卸下佩佩的防备）。她没出声，似乎默认了。"妈妈初中时也经历过，你想听吗？"她诧异地抬起头，目光中满是好奇和询问。"那时候，我也和你一样，很内向、很温柔。有个男孩子很喜欢我，总是帮我出主意，我很感动，也很佩服。后来，我们就成了好朋友，我什么都听他的。后来有一天发生了些事情，我就想离开他了。中考之前，他想让我和他一起走读。我家离得远，父母又不能接送，他耐心地说服我，承诺每天送我回家，我办了走读，但他却没有做到。后来我又找老师重新回到学校住宿，他开始不高兴了，说不听他的，就不理我了，过几天又来找我让我走读，反复了好几次。我越想越伤心，他为什么不能为我考虑考虑呢？他考虑过我的感受、我的安全吗？凭什么非得听他的！"妈妈装着很气愤的样子，"你觉得呢？"佩佩也很气愤，为妈妈打抱不平。"琪琪不是这样吧？"妈妈试探性地问。她若有所思，没有回答，"我希望琪琪不是这样的人，如果他真是喜欢你、关心你，为你着想的人，妈妈同意你们交往。但有一点必须提醒你，感情只是生活的一部分，你现在面临中考，不能太分心，否则将来可能会后悔的"。就这样，母女俩结束了这次谈话。而这个故事是我专为佩佩妈妈量身打造的,因为琪琪身上有明显的大男子主义,他和那个只为自己、不顾佩佩妈妈的那个"他"如出一辙。

2. 带孩子到大自然中走走,加强亲子交流

青春期的孩子精力旺盛,随着身体的发育会对异性产生好奇。我们要通过丰富多彩的活动调节他们内在情感的需要,合理转移他们旺盛的精力,尽可能多带孩子出去走走,亲近大自然,在户外多运动。如果亲戚朋友家有差不多年龄的孩子可以一起出去玩,在活动中增进青少年之间的了解,拉近彼此的距离。

3. 耐心等待,不夸大也不忽视

佩佩妈妈和孩子谈话之后不要老是提这件事情,妈妈要像往常一样,即使有担心也要放在心里,不要写到脸上,孩子放学回家该怎样就怎样,不要因为这件事情刻意改变对孩子的态度,不要有过激的行为或者对这件事过度关注的表现,让孩子觉得青春期对异性有好感是正常的,我们要做的就是"等",关注着事情的发展,静等事态的发展,不要表现出强烈的焦虑和排斥。

家长没有反对、没有排斥的态度反而让佩佩的心不平静了。她开始注意琪琪的一举一动,发现琪琪太有主见、说一不二,从来不顾她的感受,还小心眼,看到佩佩跟男生说话,哪怕是跟男教师说话他都会找茬、闹腾或者不理,慢慢地,佩佩开始疏远他。一个月后,佩佩回到家大声对妈妈说:"妈,你放心吧,我跟琪琪分手了,并且以后也不会交往了。"佩佩平稳安全度过危险期,重回班级前三名,顺利考上理想的高中。

【知识拓展】

孩子们情窦初开的时候,会把对方的优点无限扩大,看不清对方

的缺点和错误。这个时候，老师和家长的态度都不能过于激烈，处于叛逆期的孩子最容易感情用事，用"强"只能适得其反，我们可以转个角度，宜"疏"不宜"堵"，根据孩子性格的特点，分析他们可能遇到的问题，把自己代入故事之中，讲述自己中学时代的"情感挫折"，把自己放在一个"求助者"的位子上，跟孩子感同身受，从而引发他们对自己恋情的思考，能够更客观地看待、看清对方。初中的孩子已经有判断力了，会做出正确判断，控制恋情的发展，从而回归正常的学习和生活。

此外，不管是家长还是老师，我们都要给早恋的学生充足的爱和尊重，站在学生的角度，懂得换位思考，在弄清楚事情来龙去脉的基础上理解他们，动之以情晓之以理，跟家长一起帮助他们顺利度过青春期，完成思想和行为的转变，用巧妙的方法，化解早恋危机，迎来灿烂人生！

【心法一诀】

青春期孩子的恋情说来就来，大多数的孩子不知道如何面对，这时候，家长得让孩子对自己产生信任，在信任的前提下共情，不能围追堵截、不能轻易下定论、不能夸大早恋的危害或者忽视孩子的感受，朦胧的"爱"，宜"疏"不宜"堵"。

<u>王朝霞，湖北十堰市房县白鹤镇石堰河初中英语教师，湖北省"荆楚好老师"，湖北省名师名家培养对象。</u>

怎样跟"早恋"的孩子有效沟通

【父母心声】

周末在和孩子同学的家长闲聊时,惊讶地得知今年读六年级的女儿小伊"早恋"了,自以为与孩子以"朋友""知己"身份相处的我,内心惊诧万分,让我和孩子的爸爸焦虑不已。好在过了磨人的一夜,第二天晚上,在我们的引导下,女儿向我主动"坦白"了。她红着脸,脸上洋溢着羞涩和一丝迷茫,有些小心翼翼地告诉我,她似乎对班里某个男生有了不一样的情感,不像小学一二年级时对某个同学的"喜欢",而是一种无时无刻想去关注的崇拜和心跳加速,甚至在加了男孩的微信后,她想每时每刻盯着电话手表,生怕自己没有及时看到或回复信息。男孩对她似乎也"意有所属",文具、糖果、关怀从不缺席。女儿的害羞夹杂着惶恐,小心地问我:"这是对的吗?为什么我会这样?我该怎么办?"身为父母的我们,该怎么处理这件事比较合适呢?

【现象扫描】

小学高段的孩子出现早恋情感是正常的青春体验,作为家长肯定会有所担忧,但不必焦虑。在这个阶段,孩子们的性特征伴随着青春期的到来有了快速的成长,在性激素作用下,他们的心理也激起了涟漪，对异性充满探索的好奇，渴望得到异性关注，产生了青春期的朦胧情感，从而出现"早恋"。

有研究表明，在亲情和友情方面得不到情感满足的孩子，更容易通过谈恋爱来满足情感需求。在中国知网对"早恋危害"进行中文检索，综合研究发现，早恋危害无外乎是"影响学业""引发性行为"和"失恋引发自杀行为"，其中"失恋引发自杀行为"是最令人伤心的后果。中国青年政治学院的易明老师在《青少年自杀动因机制分析与思想政治教育对策》研究中指出："中学阶段的早恋现象时常发生，是诱发青少年自杀的一个非常关键的要素，而且长久以来为人们所忽略。"长期以来很多家长只看到了前两者的危害，所以想方设法围追阻截早恋行为，殊不知会直接或间接导致失恋，甚至引发孩子的自杀行为。

显然，故事中的小伊已经出现了这份早恋情感，但没有出现越界的早恋行为。小伊能够在犹豫之际选择寻求父母的帮助，是因为小伊与父母关系融洽，从父母那里得到了足够的亲情需求。但父母如果没有看清现象背后隐藏的危害，对孩子采取不恰当的早恋引导，小伊同样可能会遭遇"早恋刺客"。

【教师支招】

在青春期孩子的早恋引导方面，我们作为父母要做到转换观念、摆正立场，引导孩子转移目标和学会自我保护。

1. 转换观念

要引导孩子解决遇到的困难，父母需要先解决自己的观念问题：父母越是高压反对只会让青春期孩子反抗越为强烈，甚至将孩子推向绝望的境地。父母"赢了"极可能成为"失恋""自杀"的诱发因素；孩子"赢了"，也极其容易让懵懂无知的未成年人偷食禁果，引发不当性行为。无论谁输谁赢，都必将对青春期孩子的情绪、行为产生极大影响，进而影响学业成绩。所以，作为新时代的家长，我们亟须转换对待孩子早恋现象的态度——我们不是在与孩子博弈，非要争个你输我赢，我们要和孩子合作共赢。

2. 摆正立场

父母的观念和态度决定了立场，立场决定了我们和孩子是战友关系还是敌我之争。作为父母，如何直接明了地摆正立场？我想，我们可以尝试遵循以下步骤循序渐进地开展。

第一步：共鸣、共情：故事式输入—同理心输出。

故事式输入：采用"我曾经也……"的句式来描述自身的早恋情况，拉近与孩子之间的距离，引发共鸣。

同理心输出：运用"我也经历过你这个年纪，我要恭喜你……"这类句式，引发孩子的同理心，打消孩子的顾虑，叩开孩子的心扉。

第二步：理解、尊重：阐述原因—肯定优点。

阐述原因：青春期产生朦胧情感的主要原因是生理和心理发育带来的荷尔蒙变化，这是一种正常现象。我们需要直接向孩子阐述原因，确认孩子的理解和感受，向他们传递这些想法和感受，在这个情境中是有意义的，是可以理解的，以减轻孩子因为生理、心理变化带来的自卑倾向。

肯定优点：这个环节既需要肯定孩子，也需要肯定对方的优点，这是一种亲子沟通的尊重。可以借用"你学会了欣赏他人。我想他身上一定有特别的优点在吸引你吧？"来了解孩子早恋对象的优点，以便开展进一步的沟通。

3. 转移目标

青春期少男少女们的情绪大起大落是很常见的,因为内心产生微妙的朦胧情感,会让他们的情绪变得更为敏锐和波动,这也是一种正常现象。孩子们出现情绪的两极化也不必过于焦虑,我们父母需要做的是先稳定自身的情绪,心平气和地与孩子进行沟通,探知其内心的真实想法,引导孩子转变行为目标,将孩子波动的情绪表达转化为积极的行为动力,如学习动力、运动动力等。

情感引导1:你可能过度关注他了,这可能也会给他带来烦恼,异性之间的交往也需要方法和分寸。

情感引导2:阐述对方在学习或运动甚至家庭等方面的优势,我想你也不希望在一年后和他分道扬镳吧?以你的成绩要和他走下去还需要坚持不懈的努力,所以努力学习才是你们继续交往的最大动力,你的过度关注会成为最大的阻力。

4. 自我保护

青春期孩子之间的异性交往,由于对于异性的好奇和相互吸引,容易把握不住交往的分寸和尺度,难免产生引人非议的言行。所以,我们既需要引导孩子止于当止、行于可行,也需要帮助孩子树立异性同学之间的安全交往意识,学会自我保护。

行为引导1:人和人在生理上有个最舒适的距离,据说是45厘米。我想你们应该没有谣言里说的牵手等超越界限的行为,但可能在学校里没有把握住45厘米的安全距离,才让同学之间有了流言蜚语。

行为引导2:孩子,不仅仅是在学校,还有在微信、网络中我们都要保护好自己,不能有越界的言行。很多男孩子会把和女生的聊天记录炫耀给自己的好哥们儿看,如果你们聊天的内容中不仅仅有不雅文字,还有图片等信息,你的经历,就可能会变成别人伤害你的工具。

行为引导3：如果哪天你们分开了，他可能还会以此作为要挟继续纠缠不休，所以你在网络中也需要学会保护自己，爸爸妈妈也永远会是你坚强的后盾。

每个女孩的成长都会经历这样一段青春萌动情感，作为父母我们该怎么办？浙江省名师名校长工作室的钟志农老师给出了一个完美答案："只有理解、尊重、接纳，以及平等对话、适时引导，才是应对孩子青春恋爱的根本良策。"我们需要做的就是理解、尊重和陪伴，守护好这朵青春萌动之花，引导他们顺利走过这段懵懂而美好的时期。

【知识拓展】

青春期的早恋根据成因可分为四种：欣赏误解型、空虚替代型、攀比炫耀型、好奇跟风型。

欣赏误解型：这类早恋行为往往是在异性交往中没有把握好界限，因为对异性有好感，而自认为或被认为是恋爱。作为家长可以引导孩子学会区分欣赏和爱的区别，前者是享有现在后者是规划未来，前者是好感后者是承诺。异性同学之间有欣赏是正常的，但孩子们还没有到能够承担爱情责任的年纪。

空虚替代型：因为得不到父母、同学的理解和温暖或学习上缺乏成就感，孩子会寻求其他情感作为补偿和安慰，从而出现空虚替代型早恋。我们应该主动与孩子沟通，保持良好的亲子关系，积极鼓励孩子的同伴交往，满足孩子的情感需求。

攀比炫耀型：这类早恋以自己能吸引多少异性作为个人魅力象征，满足个人的虚荣心。这是错误的价值观在作祟，父母需要以身作则，对孩子加强引导，提高孩子自我修养和内在品质。

好奇跟风型：这类孩子因为别人有了异性朋友而感到好奇，在他人撮合怂恿下盲目效仿早恋行为。这类孩子需要加强其独立思考和价值判断的能力，需要我们引导孩子学会拒绝从众，清醒地做自己。

无论孩子遇到了什么类型的早恋行为，我们都需要建立在一个良好的亲子关系上进行引导教育，为孩子的成长赋能。

【心法一诀】

"恋爱"也是"练爱"，是让孩子得到锻炼和成长的情感经历。

洪康曼，深圳高级中学（集团）北校区道德与法治老师，五星级班主任。

孩子浏览不健康网站，怎么办

【父母心声】

我的儿子上五年级了，对他的作业辅导我们越来越力不从心，所以我们让他用手机在答题软件上搜题。一开始也很紧张，生怕孩子学坏了，时不时在旁边盯着。就这样大半年过去了，孩子的成绩略有进步，一家人都很开心，觉得网络也并不可怕，自己的孩子没受网络上不良信息的毒害，窃喜不已！有一天晚上，他突然问了一个问题，"妈妈，什么是三级片？"我当时头一懵，不知道如何回答才好，情急之下就骂了一句："你整天想那乱七八糟的问题，烦不烦啊！"没想到过了几天，我打开手机浏览器，赫然写着：三级片。那一定是他手机搜索留下的痕迹。孩子这么小，怕是偷看了不该看的东西吧，会不会学坏？要不要没收手机？会不会影响学习？我该怎么教育？

【现象扫描】

很多家长对孩子们提出的诸如"我从哪儿来的？"这类问题避而不谈。爸爸妈妈羞于和孩子谈"性"，于是会说从垃圾桶里捡来的、从石头缝里蹦出来的、充话费送的……却不知道这样的回答不仅破坏了孩子和父母之间的亲密感和安全感，而且一味地回避，更是把性教育的大门给关上了。试想当孩子自己搜索的时候，他会搜到什么样的信息呢？

中国人民公安大学教授王大伟认为，孩子缺乏性教育，和家长有很大关系。父母是孩子的第一任老师，当然也是孩子性教育的第一任老师。尽管近年来家长对儿童的安全教育，特别是对孩子进行性别意识教育、防止性侵害的教育意识有了很大提高，但仍有不少家长认为这并不是刚需，对小学生进行性教育为时过早。持这种观点的家长是把性教育看成了我们常说的心理卫生课。但其实性教育的内涵，远远不止于此。性教育不仅包含了性生理教育，还包括性心理教育以及很多家长都非常关心的预防性侵害教育。网络上有一句话非常火："你觉得性教育还早，但是性侵犯绝不会觉得你家孩子还小。"

除了忽悠和回避，家长们对于性教育还存在诸多误区。有些家长认为性侵儿童是小概率的事，绝不会发生在自家孩子身上；还有的家长认为，他们的孩子本来内心健康阳光，知道这些之后可能会起反作用，因而对性教育持消极否定态度；甚至有的家长认为，孩子有一天自然会懂得如何处理。

【教师支招】

首先，家长要控制自己的情绪，不要责骂，更不能用嫌弃、愤怒的眼光去看待孩子。孩子进入青春期，身体会分泌荷尔蒙，出于好奇，偷看两眼，如果一味地责骂打压，孩子潜意识里会认为性是可耻的，进而产生罪恶感。

其次，要有技巧的引导。教育孩子的方法在"疏"而不是"堵"。性教育不是洪水猛兽，与其让孩子自己寻找错误的答案，不如主动掌握性教育的主动权，给孩子挑选出寓教于乐的性教育片，教会他们正确的两性知识，学会保护自己。可以采用"日常渗透+共同学习"，对孩子进行有的放矢的性教育。

再次，明确要求男孩女孩在着装、发型等方面不应混淆。家长要认识到尊重孩子性别的重要性，以免影响孩子的性取向。

空闲时，引导孩子去观察、记录动植物的生长、繁殖，使孩子们对繁衍生命产生一种自然而真实的认识，从而延伸到认识人体器官，很自然地引入生殖器官跟人体其他器官一样都有其存在的必要性，并教育孩子要保持身体清洁，养成良好的卫生习惯。这样既维护了孩子的自尊，又学会了正确的方法，何乐而不为呢？

对于异性同学间的交往，我们提倡集体交往为主。家长多引导孩子学习别人的优点，正确认识自己，欣赏异性，避免只盯着某一位异性而暗生情愫。

家长如果做到以上这些日常渗透已经相当不错了，为你点赞！如果孩子想知道更多的性知识，面对面地进行讲授的方式会使双方都很尴尬，还不一定能达到想要的效果。我建议家长和孩子一起观看《生命的诞生物种》这部短片，它讲述的是一个受精卵的爱情故事，完美诠释了"我是哪儿来的"这个问题。画面精致又动感，孩子们看得津津有味，在轻松愉快的氛围中收到了预期的效果。

还可以看看《儿童自我保护教育》动画片，这部动画片介绍了孩子的隐私部位及怎样保护以及如何识别坏人。这个视频我看了两三遍，确实是教给孩子们如何进行自我保护的"葵花宝典"。家长还可以结合实际情况，与孩子一起讨论总结《安全法则》并遵守。在外，不能随意接受陌生人给的食品、玩具等；在家，不能随意给陌生人开门；在网络上，不能随便跟陌生人聊天、视频、透露个人信息。与亲戚、朋友、邻居等也尽量不要与其单独处于封闭环境中，因为性侵害案件大部分是熟人作案。父母不在身边时，一定要对他人及其行为保持警惕。

此外，还可以与孩子共同学习《王大伟讲安全——遭遇性侵，如何救助》。如果真的发生了这样不幸的事情，希望孩子们按照王大伟教授讲的三大救助方法去做：报警并看医生、法律援助、心理辅导。万一遭遇了性侵，家长要经常告诉孩子：这不是你的错，我们都很信任你，你依然是个好孩子……让孩子明白大家永远都不会抛弃他/她，这样会减轻孩子的精神压力。当然，这个过程不可能一蹴而就。家长也要学点心理学，对于孩子性格突然改变、注意力不集中、成绩下降等现象，要给予更多的理解与关爱，重建信任，并耐心等待，慢慢走出阴影。

最后，不要简单粗暴地没收手机或者摔坏电子产品。正确的做法是，家长充分利用一些技术手段，帮助孩子过滤色情信息，同时坚持给孩子进行积极健康的性教育，只有清楚明白了，才能更好地保护自己。

【知识拓展】

格洛丽亚·琼·沃特金斯（Gloria Jean Watkins）是一位知名的女权主义理论家和教育家，她更为人熟知的是其笔名贝尔·胡克斯（Bell Hooks）。如她所言，教育是一种干预。正确的性教育就显得尤为重要。它不仅仅能预防性侵，更重要的是让孩子拥有一个健全的人格，帮助孩子建立起基本的安全意识；当身体随着发育出现各种变化的时候，孩子们也能够坦然地接纳自己的身体变化，在和他人及异性的交往中，也懂得如何去尊重别人，懂得为自己的行为负责。

【心法一诀】

性教育，影响孩子一生！

林琳，湖北省襄阳市谷城县第一实验小学语文教师，襄阳市"学生最喜爱的老师"。

保护青春期孩子远离陌生人的侵害

【父母心声】

夏天快到了,我和邻居们一起商量着为孩子办理附近游泳场馆的游泳卡。但最近有邻居发现孩子在上课前经常会借故拖延,甚至有的时候会装病逃课。经过多次询问才发现,孩子发现游泳馆里有成年人会对一些小孩做"奇怪的事情",小孩们觉得事情不对,但又不敢反抗,因此越来越不愿意去上课了。听说了这些事情我感到非常震惊,很难想象孩子在社会当中究竟会面对什么。害怕孩子在我们看不见的地方受到伤害,也害怕孩子不知道如何预防和避免这些伤害。作为家长,我们都很希望孩子在成长过程中能够慢慢走出我们的保护,能够独自面对社会。但社会上潜在的危险似乎并不是我们所能意料到的,孩子本身在面对侵害风险的时候似乎也并不具有系统的知识和成熟的判断能力。

孩子正处于青春期这个关键期,都说青春期是急剧变化的动荡时期,这个时期的经历对孩子未来的发展会产生极大的影响。我们也都发现,青春期孩子的身体发生了巨大的变化,这些变化令孩子或兴奋或苦恼;同时孩子的心理也日趋成熟,对外部世界也有了更多的好奇心。然而对于家长而言,我们经常会苦恼于不知该如何与孩子沟通这方面的问题,不知应该怎样教会孩子避免被陌生人侵害,保护好自己。

【现象扫描】

根据世界卫生组织调查显示，全球范围内遭受过侵害的人数超过5亿。这个数字对于广大家长而言无疑是触目惊心的，因此，教会孩子把老生常谈的"保护自己"落到实处，孩子在遇到潜在风险的时候就能提高警惕。

提到身体暴力，大家可能都相对熟悉，即使用武力等方式造成人身伤害的行为。同时对于未成年人而言，性侵害也是不容忽视的问题，具体包括暴力型、胁迫型、社交型、诱惑型这四种不同的类型，其中暴力型（使用暴力的手段）和诱惑型（利用受害人贪图小利的心理）更有可能发生在陌生人与孩子的相处中。在现实生活中，如果只告诉孩子"不要和陌生人说话"，大概率不能在每时每刻都保护孩子。因为在孩子的成长过程中，如何与陌生人相处，甚至在紧急情况下如何向陌生人寻求帮助，也是家长需要和孩子讨论的课题。

最新出台的《家庭教育促进法》明确指出，家长应当关注未成年人的心理健康，教导其珍爱生命，对其进行包含预防性侵在内的多方面的安全知识，帮助其掌握安全知识技能，增强其自我保护的意识和能力。因此，为人父母的我们，应当了解家庭教育在预防侵害中扮演着非常重要的角色，我们需要让孩子学会识别与陌生人交往时的危险，让孩子们掌握一定的预防侵害的技能，为孩子们独立走向社会做好准备。

【教师支招】

作为家长，我们想要在日常的家庭教育中帮助孩子及时识别危险，预防孩子遭受陌生人的侵害，可以从以下四个方面入手。

1. 尊重孩子的身体自主权，教导孩子保护自己

家长在日常和孩子的互动中，应告诉孩子身体的边界感是什么，不应模糊对待，防止孩子在遭遇侵害的时候，由于不了解身体的边界导致难以分辨哪些行为是在伤害他们。此外，告诉孩子在生活中不随意暴露自己身体的隐私部位，也是提高防范侵害基本意识的表现。具体来说，在学龄前，家长就可以告诉孩子："背心、短裤遮盖的地方是隐私部位，不可以随便给人看，也不可以随便给人摸。如果有人摸了你的隐私部位，你可以勇敢拒绝，并回来告诉妈妈爸爸。"伴随着孩子的年龄增长，家长可以告诉他们身体部位的准确名称，可以像教他们认识鼻子、耳朵等一样告诉他们身体隐私器官的准确名称。告诉孩子不能暴露我们的隐私器官，不是因为这些器官肮脏或是忌讳，而只是因为它的私密性。教会孩子保护自己首先要让孩子认识并了解自己的身体界限，树立边界意识。

2. 全方面关注孩子，预防网络侵害

目前孩子受到信息技术急速发展的影响，网络社交成为了很多孩子重要的社交方式之一。然而网络具有私密性、隐蔽性的特点，致使很多孩子由于没有树立网络安全意识而在受到身体或心理的伤害时很难被家长觉察。因此，家长在和孩子日常的沟通中，不仅需要关心孩子在学校和家庭生活中的状态，还应当对孩子的网络生活多加关注。家长可以在家庭中与孩子建立家庭内部网络使用规范，协商监督机制，并与孩子主动交流网络媒介中的信息，对孩子谈及到的关键信息加以正确引导。尤其是和陌生人在网络上的社交，家长应当为孩子树立"底线"：不轻易加陌生人为好友；如果遇到要求拍摄自己身体隐私部位的网友，要坚决拉黑对方，不再联系；不与网友线下单独见面等。家长需要帮助孩子意识到在虚拟社会同现实社会一样，都有可能受到侵害，警惕意识不能少。

3. 教会孩子应对方法，寻求社会支持

当家长在新闻中看到类似事件时，可以借机就此类事件和孩子进行沟通，让孩子了解应对方法。面对侵害事件，许多孩子可能会手足无措，因此在家庭教育中不能因为害怕事情发生就对此类事件的应对方法避而不谈。作为家长，可以从事发当时和事发后两个角度入手，教会孩子如何应对，帮助孩子尽可能减少侵害事件负面影响的方法。一方面，如果目睹或遇到侵害，应当选择保留证据报警，联系家长和学校，必要时前往医院；另一方面，让孩子知道社会支持的力量，遇到困难还可联系司法、传媒等机构，寻求法律援助、医疗援助、心理援助等，让孩子明白自己是受到多方面保护的。只有从日常教育中让孩子学习到应对方法，才能以防万一，有备无患。

4. 避免"受害者有罪论"，给予孩子支持鼓励

如果孩子周围或孩子本身受到了伤害，父母要让孩子知道，这不是孩子自己造成的错误。许多目睹或遭受伤害的孩子难免会产生"受害者有罪论"的思想，也就是会认为自己做了不对的事情应该受到惩罚。如果家长发现孩子目睹或遭遇侵害，首先需要给予孩子无条件的支持，让孩子感觉到自己是安全的，可以安全地向你倾诉，这个时候家长首先需让孩子处在安全的环境中。可以多多使用倾听类的话语，让孩子感觉到信任，如"我感觉到你今天好像有点失落，能和我说说发生了什么吗？"如果家长了解到孩子被侵害了，应当选择报警寻求帮助。如果为了面子或其他顾虑而采取忍气吞声，私下解决，这样可能会使孩子遭受再度伤害，也会放纵坏人继续侵害孩子。

总体来说，家长既需要从小引导孩子正确认识自己的身体，也需要让孩子明白，自己在家庭和社会中都是受到保护的。

【知识拓展】

对于侵害行为不少人有很多误区。

其一，侵害一定要有身体接触吗？实际上，诱骗、强迫或者其他方法要求未成年人拍摄敏感照片或视频，都算是对于未成年人的性侵害。因此，即使孩子日常在家，没有发生身体上的变化，也并不代表着他们没有受到伤害。

其二，侵害行为就只会发生在陌生人之间吗？实际上并非如此，有针对女童遭受性侵害的调查显示，多数女童性侵案都是熟人作案。"熟人作案"在未成年人侵害事件中并不罕见，家长保护孩子的着眼点不仅需要放在陌生人身上，关注孩子和身边人的沟通交往也很重要。

每个父母都希望孩子健康平安，给予孩子全方位的保护是我们的责任也是我们的义务，不愿看到任何一个孩子受伤是我们每一个家长的共同愿景。这不仅需要我们对孩子进行安全教育，也需要我们对孩子多加关心和支持。希望通过我们的共同努力，帮助每一位孩子远离伤害，健康平安成长。

【心法一诀】

认识自己，学会说"不"，调整心态，勇于求助。

肖当丹，深圳市第二实验学校高中心理教师，广东省家庭教育指导师。

参考文献

[1] 牟依晗,赵然,宁彩芳.焦点解决教练:原则、技术、实践及评估[J].心理技术与应用,2018,6(4):218-224.

[2] 孙岩,刘沙,杨丽珠.父母教养方式、同伴接纳和教师期望对小学生人格的影响[J].心理科学,2016,39(2):343-349.

[3] 李勇.初中新生适应期的典型问题及解决策略[J].教育科学论坛,2020(32):37-42.

[4] 张洁.小升初阶段家庭教育策略之我见[J].新课程(中),2019(08):160-161.

[5] 张丽丽.初一新生学校生活适应性现状与管理对策研究[D].天津:天津师范大学,2016.

[6] 鲁道夫·德雷克斯.孩子,挑战[M].甄颖,译.成都:天地出版社,2022.

[7] 原莉娟.离异家庭如何树立正确教养理念[J].家长,2022(07):26-27.

[8] 贾占蕊.单亲家庭子女心理健康现状分析与教育对策探讨[J].学周刊,2020(7):185.

[9] 王虹.离异家庭子女心理及教育初探[J].北京教育学院学报(自然科学版),2011(2):65.

[10] 梁志霞.特殊家庭孩子的心理问题及自我调适[J].青春期健康,2023(4):65.

[11] 毛武榜.对中小学教育重智轻德问题的研究[J].教育教学论坛,2014(3):172-173.

[12] 申仁红.学习习惯:概念、构成与生成[J].重庆师范大学学报(哲学社会科学版),2007(2):112-118.

[13] 陈香,张日昇.俄狄浦斯情结与古典精神分析诸理论关系微探[J].齐鲁学刊,2011(2):79-82.

[14] 南希·麦克威廉姆斯.精神分析案例解析[M].钟慧,译.北京:中国轻工业出

版社，2004.

[15] 尹群安，孟义国.单亲家庭子女教育点滴谈［J］.学校党建与思想教育，2012（6）：95-96.

[16] 刘金花，吴茜.社会支持对农村缺损型家庭学龄儿童行为的影响分析[J].人口学刊，2018（5）：5-14.

[17] 谢其利.离异家庭初中生师生关系，亲子关系与心理健康的相关性［J］.中国学校卫生.2020，41(07)：1019-1021.

[18] 王金云.我国特殊结构家庭子女问题研究综述[J].河南师范大学学报（哲学社会科学版），2009，36（1）：252-255.

[19] 邹燕贞.留守中学生社会支持、自我效能感与手机依赖的关系研究[D].福州：福建师范大学，2020.

[20] 张克霞.中学生使用手机的利弊分析[J].教育教学论坛，2017（14）：265-266.

[21] 吴小苹.少年儿童的消费行为特点及营销策略探讨[J].经济研究导刊，2009（33）：180-181.

[22] 周斌.儿童的消费心理特点与营销策略[J].商业研究，2000（9）：131-132.

[23] 苏霍姆林斯基.家长教育学[M].北京：中国妇女出版社 2021.

[24] 余佳璐.浅谈大学生如何树立正确消费观让理性作为消费的主旋律[N].东南大学报，2021-01-01.

[25] 邓迦心.物联网与创新2.0赋能智慧社会[J].办公自动化，2018(17)：18-20，28.

[26] 宋刚，王连峰.城域开放众创空间：创新2.0时代智慧城市建设新路径[J].办公自动化，2017（20）：8-13，43.

[27] 曹红.中学生网络道德的缺失与应对对策[J].文教资料，2014（5）：109-100.

[28] 陈豫.网络谣言对中学生的影响及对策探讨[J].中国德育，2020（1）：36-39.

[29] 徐晶星.引导中学生过文明的网络生活——培育中学生良好网络行为规范的实践探索[J].基础教育参考，2020（11）：3-6.

[30] 杨一帜.美国中小学媒介素养教育中的价值引导研究[D].长春：东北师范大学，2022.

[31] 饶富全. 高中生生涯选择困惑及其家庭影响研究[D].南昌：江西财经大学，2016.

[32] 杨清.福州市城市初中生生活满意度的性别差异研究[J].教育测量与评价（理

论版），2011（7）：44-47.

[33] 易明.青少年自杀动因机制分析与思想政治教育对策[J].青春岁月，2017（13）：182-183.

[34] 钟志农.孩子"早恋"了，父母该怎么办？[J].中学生博览，2022（27）：20-21.

[35] European Institute for Gender Equality. Glossary of definitions of rape, femicide and intimate partner violence[R]. Vilnius: European Institute for Gender Equality, 2017.

[36] 阿黛尔·法伯，伊莱恩·玛兹丽施.如何说孩子才会听 怎么听孩子才肯说[M].安燕玲,译.北京：中央编译出版社，2012.

[37] 岳贤伦.不打不骂60招教出好孩子[M].北京：北京工业大学出版社，2014.

[38] 马歇尔·卢森堡.非暴力沟通[M].阮胤华,译.北京：华夏出版社，2021.

[39] 赵红梅，苏彦捷.被同伴拒绝个体的心理理解[J].中国特殊教育，2005（6）：74-78.

[40] 王争艳，王京生，陈会昌.促进被拒绝和被忽视幼儿的同伴交往的三种训练法[J].心理发展与教育，2000（1）：6-11.

[41] 赵红梅，苏彦捷.同伴接纳与青少年对同伴拒绝的解释[J].中国心理卫生杂志，2005（5）：57-59.

[42] 王文，盖笑松.不同社会行为倾向小学生的同伴地位特点[J].心理与行为研究，2014，12（6）：790-794.

[43] 王玲晓，张丽娅，常淑敏.儿童母亲拒绝与同伴拒绝的关系——一个有中介的调节模型[J].心理科学，2019，42（6）：1347-1353.